U0857315

测绘科技专著出版基金资助
北京市测绘设计研究院青年科技创新基金资助

贝叶斯网络在影像解译中的应用

Application of Bayesian Networks in Image Interpretation

虞 欣 著

测 绘 出 版 社
·北京·

© 虞欣 2011
所有权利(含信息网络传播权)保留,未经许可,不得以任何方式使用。

内 容 简 介

本书在系统分析和总结贝叶斯网络基本理论和方法的基础上,探讨如何将贝叶斯网络应用于影像纹理分类中,并进一步拓宽其在该领域中的应用。主要内容包括:基于贝叶斯网络的特征选择方法、基于贝叶斯网络的影像纹理分类模型、引入简单图像语义信息和带有相关反馈的影像纹理分类的贝叶斯网络方法。本书在借助贝叶斯网络能够描述随机变量之间因果关系的优势进行特征选择、针对航空影像中的居民地和灌木两种典型地物提取语义信息,以及将控制论中的控制与反馈思想引入训练样本的选择过程等方面都颇有特色。

本书可供从事摄影测量与遥感、人工智能、模式识别、知识发现、机器学习、图像理解、信息处理、计算机科学、数理统计学、机器人、生物医学等专业的科研人员和大专院校相关专业的师生学习参考。

图书在版编目(CIP)数据

贝叶斯网络在影像解译中的应用/虞欣著. —北京:测绘出版社,2011.6
ISBN 978-7-5030-2293-7

Ⅰ. ①贝… Ⅱ. ①虞… Ⅲ. ①贝叶斯推断—应用—图象解译 Ⅳ. ①TP753

中国版本图书馆 CIP 数据核字(2011)第 088415 号

责任编辑	万茜婷	封面设计	李 伟	责任校对	董玉珍 李 艳

出版发行	测绘出版社		
地 址	北京市西城区三里河路 50 号	电 话	010－68531160(营销)
邮政编码	100045		010－68531609(门市)
电子信箱	smp@sinomaps.com	网 址	www.sinomaps.com
印 刷	北京民族印务有限责任公司	经 销	新华书店
成品规格	169mm×239mm		
印 张	9	字 数	180 千字
版 次	2011 年 6 月第 1 版	印 次	2011 年 6 月第 1 次印刷
印 数	0001－1500	定 价	32.00 元

书 号 ISBN 978-7-5030-2293-7/P·534
本书如有印装质量问题,请与我社联系调换。

序一

目前，我国正处于从数字化测绘迈向信息化测绘的新阶段。当前，数据的快速更新问题无疑是阻碍信息化测绘进程的最大壁垒，而影像自动解译则是数据快速更新中最主要的瓶颈之一，同时也是国内外研究的热点和难点之一。本书将人工智能领域中的贝叶斯网络成功地引入航空影像纹理分类中，为解决影像自动解译开辟了一条新的途径。

本书对贝叶斯网络在影像纹理分类中的应用进行了深入研究，在特征选择、连续型贝叶斯网络分类器的推理、简单图像语义信息的提取，以及在贝叶斯网络的训练阶段引入控制与反馈的思想等方面，都有创新的理解和分析。

在航空影像的纹理分类中，作者推导了三种连续型贝叶斯网络的分类——多级贝叶斯网络、带有隐藏节点的贝叶斯网络和树型贝叶斯网络的数学模型，并利用这些模型进行了图像特征选择的尝试，取得了较好的效果。

众所周知，在图像分类中如何引入图像语义信息提高图像分类精度是当前研究的热点。作者在本书中提出两种图像语义信息提取的分类方法：一种是引入后验概率图像语义信息的分类方法；另一种是引入图像分割语义信息的分类方法。这两种语义信息的提取方法对影像自动解译的进一步研究，具有很好的学术参考价值。

在最后一章中，作者大胆地提出将控制论中的控制与反馈的思想，引入到航空影像分类的训练阶段，把人作为系统的一部分，使原先以计算机为中心的模式转变为以人为中心的模式。把人的思维纳入训练阶段，为图像解译的深入研究提供了一个全新的思路。

希望该书的出版能为更多关心这方面研究的读者提供一个相互交流的平台。

武汉大学 教授 博士生导师

郑肇葆

2011 年 2 月

序二

测绘学是一门古老的学科，有着悠久的历史。摄影测量与遥感是测绘学的核心。若从1839年尼普斯(J. N. Niepce)和达盖尔(L. Dauguerre)发明摄影术算起，摄影测量学已有170多年的历史。摄影测量与遥感的基本任务是对影像目标实施三维空间定位和物理属性的解译。摄影测量的全自动化是摄影测量工作者多年来孜孜不倦地追求的目标。目前，已经取得较大进展的是影像匹配与几何信息(非语义信息)的提取，而另一个更加困难的任务，物理属性(语义信息)的自动提取即影像解译，仍有很长的路要走。影像自动解译是摄影测量学及计算机视觉领域的热门课题，有着十分重要的理论和现实意义。

实际上，影像自动解译(或称为影像分类)，其本身就是一个科学难题，特别是对高分辨率的航空影像来说，由于地物的错综复杂性，直至今日，影像解译的精度、可靠性和稳定性还远远不能达到实际生产的要求，同时影像解译的自动化程度也不高。目前，影像解译仍然是摄影测量与遥感领域理论研究中尚未完全解决的热点问题之一，也是生产中亟待解决的一个瓶颈。国内外目前还没有成熟的影像解译全自动化商业软件，影像地物的半自动提取效率较低，难以满足空间信息的快速获取和更新的需要。

本书是在分析经典最大似然法的基础上，将人工智能领域中的一种新方法——贝叶斯网络引入到影像解译中，这是开创影像解译新局面的较好途径。全书系统地综述了影像解译的发展和有关的基础知识，并注重基本原理和方法的描述，同时对关键技术进行了重点阐述，深入浅出，对影像解译的进一步研究具有很好的参考价值。

虽然在影像解译的历史道路上，人类已经走过了近半个世纪，并取得了大量的研究成果，但与实际的生产需求之间仍存在着较大的差距，还处在一个半自动化的水平。希望虞欣博士撰写的本书能为推动国内外在影像解译领域的理论研究和实际应用向前发展起到积极的作用。同时，我也殷切地希望我院的青年学者能够百尺竿头更进一步，在空间信息科学领域的理论及实践方面做出更大的贡献。

北京市测绘设计研究院院长

2011年3月

前 言

摄影测量经历了模拟摄影测量、解析摄影测量与数字摄影测量。在数字摄影测量时代，影像匹配的研究取得了实质性的进展，用计算机代替人眼已然成真。然而，要实现摄影测量的全自动化，影像自动解译又成为了一只“更大的拦路虎”。在影像解译的道路上，人类已经走过了近半个世纪，也取得了大量的研究成果，但与实际的生产需求之间仍然存在着较大的差距，尚处在一个半自动化的程度。目前，将人工智能领域中的一些方法和思想引入到影像解译领域中，相互取长补短，是开创影像解译新局面的较好途径。实际上，贝叶斯网络方法很早就引起了人工智能领域研究工作者的广泛关注和兴趣，它是概率论和图论相结合的产物，是一个带有概率注释的有向无环图，它能够表示随机变量之间的因果关系或概率关系。一方面贝叶斯网络可以用图论的语言直观地揭示问题的结构，另一方面它按照概率论的原则对问题的结构加以利用，降低了推理的计算复杂度。鉴于此，本书将贝叶斯网络应用于影像解译中，并力图探索一条贝叶斯网络在航空影像纹理分类应用中的有效途径，为实现摄影测量与遥感的全自动化和智能化打下一定的基础。

本书基于作者博士论文的成果，结合多年从事影像解译方面的研究与实践撰写而成。全书共分为 6 章。第 1 章在论述贝叶斯网络理论和相关背景的基础上，重点介绍了本书的研究内容和成果。第 2、3 章在系统地分析和总结了贝叶斯网络的基本理论和方法的基础上，利用贝叶斯网络能够描述随机变量之间因果关系的优势，将其应用于特征选择中。第 4 章将 3 种连续型贝叶斯网络方法即多级贝叶斯网络、带有隐藏节点的贝叶斯网络和树型贝叶斯网络，应用于航空影像的纹理分类中，并进行了相应的实验、分析与比较。第 5 章针对航空影像中居民地和灌木两种特殊地物，分别提出引入简单图像语义信息的航空影像纹理分类的贝叶斯网络方法，以提高影像分类的精度和可靠性，并通过实验取得了较好的效果。第 6 章提出两种带有伪相关反馈的航空影像纹理分类的贝叶斯网络方法，在贝叶斯网络的训练阶段引入控制论中控制与反馈的思想，从而通过“捕获”训练样本质量的信息来控制训练阶段的学习质量，以进一步提高影像分类的精度。

全书对贝叶斯网络在航空影像纹理分类中的应用进行了深入研究，在特征选择、连续型贝叶斯网络分类器的推理、简单图像语义信息的提取，以及在贝叶斯网络的训练阶段引入控制与反馈的思想等方面颇具特色，充分反映了学科前沿，具有重要的理论和实际意义。

本书是作者多年实践的结晶，本书的完成离不开母校武汉大学老师们的指点和帮助。特别提出感谢的是郑肇葆教授和魏克让教授。前者作为作者的恩师，其一言一行一直深深地影响着作者；而后者作为作者本科毕业设计的指导老师，启发了作者对概率统计的浓厚兴趣。同时，还要感谢所有在本书背后一直关心、理解和支持作者的亲友们。

本书的顺利出版得到了测绘科技专著出版基金和北京市测绘设计研究院青年科技创新基金的资助，在此感谢国家测绘地理信息局和北京市测绘设计研究院领导的支持和帮助。

由于作者水平有限，书中难免有不当或错误之处，欢迎读者不吝雅正。

目　录

CONTENTS

第1章 绪 论

§1.1 引 言

摄影测量与遥感的基本任务是对影像目标实施三维空间定位和物理属性的解译，而摄影测量的全自动化是摄影测量工作者一直以来孜孜不倦地追求的目标。到目前为止，已经取得较大进展的是影像匹配与几何信息（非语义信息）的提取，而另一个更加困难的任务，物理属性（语义信息）的自动提取，即影像（自动）解译方面仍有很长的路要走。影像自动解译是摄影测量学及计算机视觉领域的热门课题，有着十分重要的理论和现实意义（中国测绘学会，2003，2004，2005，2006）。

影像是客观实体的一种表示，它具有信息丰富、形态逼真、传输速度快、作用距离远等优点，是人们获取信息最重要的来源。影像通过像元灰度值的高低差异（反映地物的波谱特性）和空间变化（反映地物的空间分布）来表示不同属性的地物目标及其分布状况（钱乐祥，2004）。影像自动解译是计算机模式识别技术在摄影测量领域中的具体应用，是影像应用处理的重要内容和关键技术之一，它有时也称为影像自动分类。

影像解译既是一种技术，又是影像处理的一个过程。作为一种技术，影像解译的目的是为了从影像上得到地物信息所进行的基础理论和实践方法的研究。作为一个过程，它完成地物信息的传递并起到解释影像内容的作用，其目的是取得地物各组成部分和存在于其他地物的内涵信息（关泽群 等，2007）。

实际上，影像自动解译（以下简称影像解译或影像分类），其本身就是一个科学难题。特别是对于高分辨率的航空影像，由于地物的错综复杂，直至今日，影像解译的精度、可靠性和稳定性还远远不能达到实际生产的要求，而且影像解译的自动化程度还不高，尚处在半自动化水平。国内外还没有成熟的影像解译全自动化的商业软件，影像地物的半自动提取主要还是在人工引导下进行，其效率较低，难以满足空间信息的快速获取和更新的需要。

随着现代科学科技的日新月异，当前科学技术已经进入一个多学科互相影响、互相交叉、互相渗透的时期。对于遥感科学来说，也不例外。一方面，人工智能、计算机视觉、信息科学、信号处理技术和模式识别技术等向该学科渗透，使得该学科可以利用其他领域的思想和方法来解决自己的问题，进而丰富自己的思想。另一方面，该学科也向其他学科渗透，如医学影像处理、工业中零部件的质量检测等。

因此，综合应用人工智能、计算机视觉、信号处理和心理学等其他领域的最新成果，发展完善诸如地物目标提取与识别、地形三维信息处理、信息压缩与融合等关键技术是当前遥感学科发展的一个重要方向。毋庸置疑，影像解译的自动化和智能化是其中一项最为迫切的任务。

通常，对于一个普通人来说，理解（或解译）一幅影像的内容并非是一件难事，然而对于一台计算机来说，要想建立一个类似于人类视觉的影像理解（或解译）系统，却是相当困难。其主要原因有以下几个方面（叶志伟，2006）。

（1）计算机影像处理技术是对人类视觉的一种模拟，而人类的视觉系统是一种神奇的、高度自动化的生物影像处理系统。目前，人类对于视觉系统生物物理过程的认识还很肤浅，视觉计算理论还不够完善，迄今为止还没有一个统一的理论。此外，计算机系统应用什么途径去“模仿”也是一个问题。

（2）影像本身并不具有精确描述三维景物的全部信息，这就需要知识的引导。如何表示和应用知识并非一件易事，这正是人工智能领域中正致力研究和解决的问题。另外，影像在形成过程中受到许多因素的影响，从而产生许多“不确定”的因素。而且现实场景的复杂性和多样性，使得现有的算法缺少可靠性和通用性。

（3）影像分类中所使用的影像特征对分类识别的效果有直接的影响。选择和提取较好的特征，可以增加不同类别之间的差异性，从而可以比较容易地实现影像的分类和分割，所以特征的提取和选择是影像分类和分割的关键问题之一。

（4）影像分类主要包括训练（学习）和测试两个阶段。其实，训练阶段的学习质量直接影响到后续的分类效果。在训练阶段，训练样本的选择在整个监督分类过程中具有举足轻重的作用。选择不同的训练样本，其分类结果可能有着“天壤之别”。正确地选择具有典型性和代表性的训练样本，是能否取得良好分类效果的一个关键问题。近些年，训练阶段的学习质量开始引起研究工作者的重视。

虽然是困难重重，但是人们还是对它进行坚持不懈地探索和研究。到目前为止，人类研究影像解译已经近半个世纪，国内外的科研工作者也取得了大量的研究成果。在监督分类方法中，最经典、应用最广泛的莫过于最大似然法，过去和现在几乎所有图像处理软件中都有这一算法，它有时也称为贝叶斯分类器。然而，近年新的方法也层出不穷，特别是人工智能领域的一些思想和方法被引入到影像解译中，如神经网络、支撑向量机、遗传算法、人工免疫算法、粒子群算法、蚁群行为仿真、危险理论等方法。这些新思想和新方法取得了一定的效果，但是目前主要还是停留在理论实验阶段，离实际的生产应用还有一定的距离。总的看来，要实现影像解译的自动化和智能化还有漫长的路要走，将人工智能领域中的一些新方法和思想引入到影像解译领域中，互相取长补短，是开创影像解译新局面的较好途径。

实际上，贝叶斯网络方法（Bayesian networks）最早引起了人工智能领域研究工作者的广泛关注和兴趣。贝叶斯网络是概率论和图论相结合的产物，它一方面用图论的语言直观地揭示问题的结构，另一方面它按照概率论的原则对问题的结构加以利用，能够降低推理的计算复杂度。因此，将贝叶斯网络方法引入到影像纹理分类的应用中，不失为影像解译研究的一个新思路。

贝叶斯网络是一个带有概率注释的有向无环图，它能够表示随机变量之间的因果关系或概率关系，利用它可以对各种不确定性进行研究。它的最大特点是用概率表示所有形式的不确定性。与当前比较流行的决策树、神经网络、进化算法等相比，贝叶斯网络具有以下一些特点(陆汝钤，2001)。

1.具有坚实的数学理论基础

贝叶斯理论其实是经典统计学的一种拓展和延伸，它给出了信任函数在数学上的计算方法，具有稳固的数学基础。与此同时，它刻画了信任度与样本数据的一致性，以及信任度随数据而变化的增量学习特性。长期的理论研究和实践应用，证明了贝叶斯网络的有效性和正确性。

2.能够描述变量间的因果关系并可以利用先验信息和样本信息

贝叶斯网络能够用图形的方法描述节点之间的相互关系，语义清晰、可理解性强，这有助于利用随机变量间的因果关系或概率关系进行预测分析。此外，贝叶斯理论将先验信息和样本信息巧妙地结合在一起，既避免了只使用先验信息可能带来的主观偏见，又可以避免只使用数据样本信息带来的“噪声”的影响，在样本数据难以获取或者代价昂贵的时候特别有用。

3.利用随机变量之间的条件独立关系分解联合概率的计算

贝叶斯网络不仅可以用图论的语言直观地揭示问题的结构，还可以按照概率论的原则对问题的结构(随机变量之间的条件独立关系)加以分析，把联合概率分布进行分解，从而降低推理计算的复杂度，使得人们能够将概率论应用于大型问题。

4.具有概率语义并能够处理不完整数据

多种高效的推理算法使贝叶斯网络能够回答多种概率查询，这是由于贝叶斯网络没有查询方向的限制，没有输入变量和输出变量的区别。而且贝叶斯网络可以处理不完备和带噪声的数据集，它用概率测度的权重来描述数据间的相关性，从而解决了数据间的不一致性，甚至是相互独立的问题。

当前，贝叶斯网络的研究内容非常广泛，如贝叶斯网络的结构与参数学习、贝叶斯网络的推理、贝叶斯网络的基础理论研究及其在各个领域中的应用研究等。特别是在应用方面，其范围涉及计算机网络、医学影像处理、警报系统、控制理论与控制工程、信息安全等多个学科和领域。贝叶斯网络在影像解译领域中的应用目前尚处于起步阶段，本书研究的主要目的是探索一条贝叶斯网络在影像解译中应用的有效途径，为实现摄影测量与遥感的自动化和智能化打下一定基础。

§1.2 贝叶斯网络的研究与应用现状

统计学思想远古即存,但作为一门学科的历史却不长。然而统计中的学派却很多,比较重要而有广泛影响的有三个学派——经典学派(或称为频率学派、抽样学派)、贝叶斯学派和信念学派。历史上,把概率引入统计的有两位重要人物:一个是比利时统计学家凯特勒(A. Quetelet),其工作后来受到了马克思(K. Marx)的重视,被社会经济统计学家推为近代统计的始祖;另一位是英国数学家贝叶斯(R. T. Bayes)。从那时起,经典学派和贝叶斯学派的争论一直到现在还是“喋喋不休”,特别是在西方国家尤为突出。这两个学派在观点和方法上的主要差别大致为:①对概率的理解和解释;②对统计问题的看法和处理(泽尔纳,2005)。

贝叶斯学派奠基性的工作是贝叶斯(1763)的一篇论文——“An essay towards solving a problem in the doctrine of chances”(普雷斯,1992),该论文在他死后发表于1763年伦敦皇家学会哲学学报上。贝叶斯是第一个对归纳推理给出精确定量表达方式的人,因而该论文在科学史上被当做最著名的回忆录之一。随后,著名的数学家拉普拉斯(P. S. Laplace)用贝叶斯提出的方法导出了重要的“相继律”。到了20世纪初,意大利的菲纳特(B. Finetti),稍后一些英国的杰弗莱(H. Jeffreys)都对贝叶斯学派的理论做出了重要的贡献。与经典学派不同,贝叶斯学派把重点放在参数空间上(或总体分布所处的状态空间),利用经验的知识减少试验的工作量和节省费用,并且其方法比较容易被实际工作的专家、工程师、技术人员所接受,在应用方面的成效比较显著(吴喜之,2005)。

第二次世界大战后,罗马尼亚裔美国统计学家瓦尔德(A. Wald)提出了统计的决策理论,到了20世纪50年代,以美国的罗宾斯(H. Robbins)为代表,提出经验贝叶斯方法,也就是如何利用历史上的统计资料去确定先验分布。实际上,经验贝叶斯方法把贝叶斯方法和经典方法的观点有机地结合在一起,这引起了统计界的广泛注意(张尧庭 等,1991)。这一方法很快就显示出它的优点,成为很活跃的一个方向,并且受到刚刚兴起的人工智能的“青睐”,人工智能领域的专家和学者对它进行了广泛的应用研究。

然而,在20世纪60年代末70年代初,人工智能领域的研究工作者发现联合概率的复杂度相对于变量的个数呈指数增长,特别是当变量个数很多的时候,联合概率的获取、存储和运算都变得十分困难,因此大多数学者认为概率论不适合解决人工智能中的不确定性问题。

随着人工智能的发展,尤其是机器学习、数据挖掘的兴起,为贝叶斯统计理论的发展和应用提供了更为广阔的空间。到了20世纪80年代,人们发现利用变量间的条件独立关系可以将联合概率分布分解成多个复杂度较低的概率分布,从而降低模型表达的复杂度，提高推理效率，使得人们可以应用概率方法来解决大型问题，从此，概率方法又重新在人工智能领域的研究中得到重视。

为了更好地表示和理解变量间的条件独立关系，1988 年 Pearl(1988)提出贝叶斯网络的概念。贝叶斯网络的引入，使得变量间的条件独立关系一目了然，与此同时，它也为概率的推理提供了更多的便利，但贝叶斯网络的引入却没有进一步降低复杂度。此外，Pearl 还认为，贝叶斯网络提供了人脑推理过程的一个模型，因为独立和依赖关系是人们日常推理的基本工具，而且人类知识的基本结构也可以用依赖图来表达。

从此，贝叶斯网络作为一种新的学习工具，逐渐受到广大人工智能研究者的关注。贝叶斯理论的内涵相比以前也有了很大的变化。20 世纪 80 年代贝叶斯网络用于专家系统的知识表达。90 年代进一步研究可学习的贝叶斯网络，用于数据挖掘和机器学习。近年来，贝叶斯学习理论方面的文章更是不胜枚举，内容涵盖了人工智能的大部分领域，如不确定性的研究。在过去几十年中，众多研究人员对多种不确定性知识的表示和运用方法进行了探索，如证据理论模型、确定性因子、PROSPECTER 模型、粗糙集理论(rough set theory)、模糊集理论(fuzzy theory)等。然而，近年来逐渐成为主流的贝叶斯网络方法更具有代表性，并且出现了专门研究贝叶斯理论的组织和学术刊物 ISBA(史忠植，2002)。

用贝叶斯网络对人工智能领域中的不确定性问题进行研究，已经成为人工智能领域中的一个重要研究方向。大量的研究成果表明，贝叶斯网络是一种不确定性推理和数据分析的有效工具(Buntine，1996)。贝叶斯网络的研究内容十分广泛，呈现出多学科相互交叉的特点。它的研究内容主要包括：贝叶斯网络的参数学习(Gilks，1996；Lauritzen，1995)、贝叶斯网络的结构学习(Chavez et al，1990；Yang et al，2002)、贝叶斯网络的推理(Darwiche，2003；Dechter，1999)、贝叶斯网络的表示能力(石洪波，2005)、动态贝叶斯网络(Camci et al，2005)、混合贝叶斯网络(Tu et al，2006)、贝叶斯网络的推理精度(Pappas et al，2002)、隐藏节点(Croft et al，2003)与节点顺序问题(Smith，1989)等。(石洪波，2005)

贝叶斯网络在许多学科和工程当中都有具体的应用，其相应的报告也比比皆是。一些典型的应用领域如下。

(1)医疗诊断是从一系列临床观测和化验结果出发，对病人所患疾病的类别及其程度进行判断。在贝叶斯网络发展的早期，人们研究开发了多个规模可观的医疗诊断网络，比较著名的有 PATHFINDER(Heckerman，1991)和 CHILD(Spiegelhalter et al，1993)等。

(2)贝叶斯网络在工业中的应用也比较广泛，涉及金融分析(Abramson，1994；Bart et al，2004)、产品设计(Corney，2000)、生产制作工艺(Gebhatdr et al，2003)、工业过程监控管理(Weidl et al，2003)及可靠性分析(Langseth，2002)等。

(3)贝叶斯网络在计算机系统中的应用包括程序理解(Burnell et al,1995)、软件测试(Ziv et al,1997)、垃圾邮件过滤(Sahami et al,1998)、计算机系统故障诊断(Jensen et al,2001)、决策系统信息显示(Horvitz et al,1995)、信息提取(Ruokangas et al,2003)和用户特征提取(Schiaffino et al,2000)等。

(4)战场上局势复杂多变,充满不确定性,其中涉及的推理问题往往具有实时性、动态性,以及离散和连续变量相混合等特点。贝叶斯网络在军事上的应用包括目标识别(Hautaniemi et al,2000)、多目标跟踪(Hautaniemi et al,2001)、自动防御(Musman et al,1993)、战场推理(Mengshoel et al,1998)和训练仿真(Grois et al,1998)等。

(5)生态学家和野生动物学家面临的一个任务是分析人类活动对环境及濒临灭绝物种的影响(Borsuk et al,2002)。在生态学研究中,数据的采集往往比较困难,因而需要有效地将珍贵的数据和专家的主观评估结合起来以支持有关决策,贝叶斯网络为此提供了一个比较好的方法。具体的应用实例包括:区域护林决策支持(Haas,1992)、渔业资源管理(Lee et al,1997)和人类土地利用与野生鱼类数量及栖息地的关系(Borsuk et al,2002)等。

(6)贝叶斯网络在农牧业的应用包括农作物预测、兽医诊断、农业环境分析、养殖业的动物受孕测试及农业工程中的故障诊断等,具体如水库资源管理决策(Said et al,2001)、农业土地管理和水资源管理(Cain et al,2003)、土壤腐蚀预测(Hojsgaard et al,2003)等。

(7)生物信息学是生物学与计算机科学、应用数学等相互交叉而形成的一门新兴学科。它利用计算机技术来进行生物学实验数据的获取、加工、存储、检索与分析,进而揭示数据所蕴含的生物学意义。生物信息学是当前贝叶斯网络应用最活跃的领域之一,如贝叶斯网络在基因连锁分析中的应用(Fishelson et al,2004;Friedman et al,2000)、法庭调查中的DNA身份验证(Dawid,2002;Taroni et al,2004)、基因微阵列质量控制(Hautaniemi et al,2003)、遗传操纵子预测(Bockhorst et al,2003),以及进化树分析(Friedman et al,2002)等。

(8)贝叶斯网络应用在分类领域的文献相对比较多,但绝大多数都是采用离散贝叶斯网络的方法,也即贝叶斯网络中的节点都是离散属性的随机变量或者先对连续随机变量进行离散化的预处理。然而贝叶斯网络应用在诸如影像解译(Kumar et al,1996)、影像分割(Liu et al,2006)、影像融合(Singhal et al,2000)、变化检测(肖秦琨 等,2007)、目标识别(Liu et al,1996)、图像检索(Wilson et al,2001)、影像视觉质量评价(De-Freitas et al,2004)等影像处理与分析中的文献相对较少,应用于影像分类的文献就更少了。这可能是因为在影像处理与分析领域中,随机变量之间的因果关系并不十分明显,或者说构建的贝叶斯网络目前还不能“合理”地解释随机变量(节点)之间的关系,但是这种关系却是客观存在的。

下面介绍一些典型的贝叶斯网络在分类领域和影像分类中的应用情况。

贝叶斯网络出现以后，只是引起了人工智能领域的研究工作者的兴趣。直到20世纪80年代末，研究人员“惊奇”地发现简单贝叶斯网络分类器具有“意想不到”的优良分类性能，在某些情况下其分类精度与决策树、k-近邻乃至神经网络等方法“不相上下”(Madden,2002)，从此在分类领域里拉开了研究贝叶斯网络的序幕。1997年，Heckerman(1997)开始尝试用专业领域的先验知识来构建贝叶斯网络，并用它进行数据挖掘的研究工作。随后Friedman等(1997)从简单贝叶斯网络入手，松弛或放宽随机变量之间条件独立的限制，提出一种离散型的贝叶斯网络方法——TAN，并详细地介绍了基于最小描述长度的TAN构建的具体数学模型和相应的步骤。接着Madden(2002)提出一种局部贝叶斯网络，利用该方法在类别节点附近构建一条近似的马尔可夫链，并对UCI机器学习数据库中的两组数据进行分类实验，取得了较好的结果。国内的研究工作稍晚一些，但研究的侧重点有所不同。宫秀军等(2002)在主动贝叶斯分类模型的基础上讨论主动学习中的几种抽样策略，提出采用基于最大最小熵的主动学习方法和基于不确定抽样与最小分类损失相结合的主动学习方法，并给出增量的分类测试实例和修正分类参数的方法。而石洪波等(2004)指出Boosting是一种有效的分类器组合方法，它能够提高不稳定学习算法的分类性能，但对稳定的学习算法效果不明显；因此她从分类器组合的角度，提出一种构造TAN的新算法——GTAN，并将由GTAN生成的多个TAN分类器用Boosting-MultiTAN组合方法组合，实验表明该方法可以获得较高的分类精度。王双成(2005)针对目前具有已知结构的隐藏变量学习主要是离散型贝叶斯网络的情况，提出一种具有连续和离散变量的混合贝叶斯网络隐藏变量学习的方法。

国内外学者对贝叶斯网络在影像分类领域中的应用研究相对较晚，而且目前的文献相对也较少(Kopparapu ct al,2001)。Sebe等(2002)从模型分布的角度提出一种基于柯西分布的简单贝叶斯网络的方法，用于脸部表情(生气、厌恶、害怕、高兴、悲伤和吃惊)的识别研究，该方法采用柯西分布作为模型的分布，再采用简单贝叶斯网络进行识别研究。Huang等(2003)提出一种用贝叶斯网络集成多特征模型的纹理分类方法，把统计性纹理特征和结构性纹理特征用贝叶斯网络巧妙地“揉合”在一起，并采用Brodatz标准纹理影像库进行了相应的实验，取得了令人满意的分类精度。而国内的学者李启青等(2003)针对遥感数据的复杂性和不确定性提出一种基于贝叶斯网络模型的遥感数据推理和描述技术，并用遥感影像进行了信息推理预测实验，也取得了较好的效果。而Luo等(2005)提出一种基于贝叶斯网络的语义影像理解的框架，并进行了一些简单的实验(如室内与室外影像的语义分类)。同年，国内的戴芹等(2005)提出一种航空影像的贝叶斯网络的分类方法，该方法利用信息熵算法对训练数据进行离散化后，利用变量之间互信息的独立性测试原理建立贝叶斯网络结构，再采用训练好的贝叶斯网络结构对航空影像进行分类实验的研究。郑肇葆(2007)提出一种基于贝叶斯线性规划的影像纹理识别方法，利用它解决带有不确定性马尔可夫随机场(Markov random field, MRF)参数的影像纹理识别问题，并提出了将不确定性状态参数变成确定性参数的 5 种选择方法，而且通过航空影像的对比识别实验给出了一个合理的选择方法。

§1.3 贝叶斯网络在影像解译中的应用

本书在系统分析和总结贝叶斯网络的基本理论和方法的基础上，探讨如何将贝叶斯网络应用于影像特别是航空影像的纹理分类中，并进一步拓宽它在该领域中的应用，同时在实验与分析的基础上对贝叶斯网络在摄影测量与遥感这一学科中的重要作用和应用前景进行了归纳说明。

首先，贝叶斯网络的一个重要特色是，它能够描述随机变量之间的因果关系，从而使人们开始考虑是否可以利用随机变量之间的这种因果关系来进行特征的选择。本书对此进行了一些初步的探讨和研究，包括系统地分析和总结贝叶斯网络的基本理论和方法(第 2 章)，并利用贝叶斯网络能够描述随机变量之间因果关系的优势，尝试将贝叶斯网络应用于特征选择中(第 3 章)。

其次，贝叶斯网络能够利用随机变量之间的条件独立关系，分解联合概率的计算。这是贝叶斯网络在分类领域中最吸引人的一个优点，也是应用最广泛的一个特点。然而，在分类领域中，大多数应用研究工作者只是对离散型贝叶斯网络(除简单贝叶斯网络以外)进行研究，即如果随机变量是连续的，就先对它进行离散化处理，再采用离散贝叶斯网络的方法。这样做的目的，一方面是为了回避随机变量服从何种分布的问题，另一方面即使已知随机变量的分布，推导出后验概率的具体解析表达式也相当的困难。由于在本书研究的航空影像纹理分类中，所提取的各种纹理特征都是连续型随机变量。如果把它们事先都离散化，存在着区间个数不易确定、无法利用某些先验信息等问题，并且势必较大地损失原始特征所携带的信息，进而在一定程度上影响到最后的分类精度。因此，本书在假设随机向量服从多元正态分布的条件下，将 3 种连续型贝叶斯网络——多级贝叶斯网络、带有隐藏节点的贝叶斯网络和树型贝叶斯网络应用于航空影像的纹理分类中，并进行了相应的实验、分析与比较(第 4 章)，以期可以进一步改善航空影像纹理分类的精度。

实际上，近几十年来，前人提出了许多影像分类的方法，但是影像分类的精度仍然不能满足实际生产的要求。为了进一步提高影像分类的精度，国内外许多研究人员提出将一些辅助数据(如高程信息、地理数据等)、专家知识和语义信息引入到影像分类的过程中。本书针对航空影像中的居民地和灌木两种特殊地物，提出引入简单图像语义信息的航空影像纹理分类的贝叶斯网络方法，即两种简单图像语义信息的直接提取方法——引入后验概率的简单图像语义信息的分类方法和引入图像分割的简单图像语义信息的分类方法(第5章)。其中,第一种方法借助于贝叶斯网络可以将先验信息和样本信息巧妙地结合在一起的这个优势,在贝叶斯网络中引入简单图像语义信息,并和提取的纹理特征有机地“揉合”在一起,融入到航空影像的纹理分类中,从而进一步提高影像分类的精度和可靠性。

然而,上述两种图像语义信息的直接提取方法只适用于航空影像的居民地和灌木两种特殊的地物,为了更好地提取航空影像中其他地物的图像语义信息,本书从另外一个角度提出两种图像语义信息的间接提取方法,即在贝叶斯网络的学习阶段引入控制论中控制与反馈的思想,提出带有伪相关反馈的航空影像纹理分类的贝叶斯网络方法(第6章)。通过伪相关反馈的机制使得系统更加准确地“捕获”类别特征信息,即间接地提取关于训练样本质量好坏的语义信息。所提出的两种方法中,一种方法的思想来源于统计质量管理,另一种方法则利用Q型因子分析来控制训练阶段的学习质量。通过在贝叶斯网络的训练阶段引入伪相关反馈的机制可以使计算机具有人的思维和模型,从而建立低层视觉特征与高层语义信息之间的映射关系。

全书各章节通过分别实现上述贝叶斯网络在影像分类中的各种应用,并与常规方法的结果进行比较研究,最后归纳总结得出相应的结论。

第 2 章　贝叶斯网络的基本原理

贝叶斯网络是贝叶斯统计学和图论相结合的产物。从技术层面上讲，贝叶斯网络是一种系统地描述随机变量之间关系的语言，构造贝叶斯网络的主要目的是进行概率推理。本章首先从贝叶斯概率和贝叶斯定理出发，介绍贝叶斯网络的基本概念，接着讨论贝叶斯网络的学习（构建）问题，然后阐述贝叶斯网络的推理方式，为贝叶斯网络在影像分类中的应用研究打下一定的理论基础，最后简单介绍贝叶斯网络与其他算法的关系。

§2.1　贝叶斯学习基础

概率理论是一个数学系统，它的一系列数学运算规律都建立在概率的基本概念和基本公理之上（Rao，2004），而这些基本概念和公理又是基于概率本身的客观背景和解释的。但是概率的解释并不是唯一的，主要有五种：古典解释、频率解释、主观解释、特性解释及逻辑解释（张连文 等，2006）。其中概率的频率解释（在这种意义下的概率称为客观概率或频率概率）和主观解释（又称为贝叶斯解释，在这种意义下的概率称为主观概率或贝叶斯概率）在这五种解释当中是最重要的两种解释（言茂松，1989）。

2.1.1　频率解释和主观解释

频率概率表达的是一个客观概念，它把一个事件的概率定义为在绝对一致性的条件下重复某一行为时这个事件发生次数的比例极限。概率的频率解释似乎是直观而又合理的，并且看上去是带有经验性的。但是，它只是一个数学概念上的物理解释，在多数实际情况下，它并不能够提供确定概率的现实方法，因为它要求在同一条件下做“长长的”一系列重复试验，并以合理的精度去逼近其概率，这种操作方法在很多情况下代价昂贵，而且很费时间，有时甚至都不可能实现。然而有一类事件根本不可能重复，却可以在你的“思想试验”中重复，这时概率的频率解释仍然可以应用，但是并不能提供一个现实的、确定概率值的方法。因此，人们逐渐开始重视主观概率。概率的主观解释或个人解释被解释为特定个人（广义的）对于不确定事件的“置信度（信念）”的数量判断，这种置信度的数量判断不需要大量重复试验，却能很好地分配一个概率给那些非重复性事件，然而其中包含了个人的主观判断和特性（言茂松，1989）。

概率的主观解释完全可以容纳概率的频率解释。例如扔一个骰子等，任何一个这样的概率也都可以解释为某个人对这一事件出现的置信度，虽然这些例子都是可以在相同的条件下多次重复试验的。概率的频率解释和主观解释在这些例子中是一致的。换言之，概率的主观解释不论是不可重复的还是可以重复的，都是有意义的。由于这个主观解释允许一个人考虑某个个别情况而不需要大量试验，在这个意义上，概率的主观解释既是概念性的，也提供了一种确定概率的现实方法；而频率解释只是概念性的，在大多数情况下不能提供一个确定概率的现实方法。

频率概率和贝叶斯概率在很多情况下会得到大体相同的答案，尤其是对于简单的假设和庞大的数据集。两种概率在各自的前提下都是有价值的，分别适用于不同的条件。由频率概率推导出的数据分析方法往往计算比较简单，因此当数据集的大小不适合使用复杂计算方法的时候，它具有明显的优势。然而，当应用得恰当的时候，采用贝叶斯方法可以从数据中发现更为细微的信息（石洪波，2005）。

贝叶斯网络早期主要应用于专家系统。在专家系统应用中，贝叶斯网络的结果和参数是通过咨询专家而获得的，因此需要类似于概率论的方法进行概率评估，贝叶斯概率占有重要的地位。随着时间的推移，贝叶斯网络越来越多地被用于分析数据，也就是要基于数据建立贝叶斯网络模型。然而，当有足够多的数据时，贝叶斯概率对数据分析的影响不大。尽管概率的贝叶斯解释在贝叶斯网络的实际应用中并不扮演非常重要的角色，但是在概念上，它对贝叶斯网络却是至关重要的。贝叶斯网络所依赖的一个核心概念是条件独立，而概率的贝叶斯解释为直观理解条件概率和条件独立提供了一个自然的角度（张连文 等，2006）。

2.1.2　贝叶斯定理

贝叶斯定理是贝叶斯理论中最重要的一个公式，是贝叶斯学习方法的理论基础。它将事件的先验概率、后验概率，以及训练样本数据的信息巧妙地“揉合”在一起。

对于概率与置信度是不是一回事，人们会有各种各样的看法，然而用概率这个数学工具来反映人们对某些事物的相信程度（置信度或信念），这是不少人都可以接受的。人们对某一事件发生的可能性大小用它的概率来描述，事件 A 发生的概率用 $P(A)$ 表示。当人们知道某一事件 B 已经发生后，这时 A 发生的可能性就用条件概率 $P(A|B)$ 来表示，从 $P(A)$ 转变为 $P(A|B)$，这就是人的认识发生了变化，相信程度（或信念）也就随之而变（张尧庭，2000）。$P(A|B)$ 的计算公式为

$$P(A|B)=\frac{P(AB)}{P(B)} \tag{2-1}$$

这是第一个描述由于知道“B 已经发生”这个信息后，人们对 A 发生的可能性进行相应调整的公式。从式（2-1）不难得到

$$P(AB)=P(A|B)P(B) \tag{2-2}$$

因而，同样有

$$P(AB)=P(B|A)P(A) \tag{2-3}$$

把式(2-2)和式(2-3)的右端相等，就导出贝叶斯公式

$$P(B|A)=\frac{P(A|B)P(B)}{P(A)} \tag{2-4}$$

由此可见，贝叶斯公式实际上是与条件概率等同的一个表达式，并且从式(2-4)中可以看出，贝叶斯公式综合了先验信息即 $P(A)$ 和 $P(B)$ 及样本观测数据即 $P(A|B)$，既可以避免只使用先验信息可能带来的主观偏见，也可以避免缺乏样本观测数据时需要的大量盲目搜索和计算。当然，式(2-4)也可以写成

$$P(A|B)=\frac{P(B|A)P(A)}{P(B)} \tag{2-5}$$

虽然这两个公式是一样的内容，但是它们却提示人们可以在两个方向上进行概率推理，因而与其他方法相比具有更多的灵活性和优越性。实际上，可以将式(2-5)改写成另外一种形式，它更能显示出"事件 B 已经发生"这个信息对相信程度(信念)的改变是如何起作用的。将 A 的逆事件$\overline{A}$(A 不发生)代替式(2-5)中的 A，于是对 A 和$\overline{A}$有两个等式。

$$P(A|B)=\frac{P(B|A)P(A)}{P(B)}$$

$$P(\overline{A}|B)=\frac{P(B|\overline{A})P(\overline{A})}{P(B)}$$

将上述两式相除，就得到

$$\frac{P(A|B)}{P(\overline{A}|B)}=\frac{P(A)}{P(\overline{A})}\frac{P(B|A)}{P(B|\overline{A})} \tag{2-6}$$

式(2-6)清晰地显示了人们的认识是如何调整的。原来人们认为 A 发生的可能性大小是 $P(A)$，它不发生的可能性大小是 $P(\overline{A})$，注意到

$$P(A)+P(\overline{A})=1$$

因此，$P(A)/P(\overline{A})$就充分反映了人们原来的认识。在知道"事件 B 已经发生"这个信息后，人们的认识成为式(2-6)左端的 $P(A|B)/P(\overline{A}|B)$，它与原来的认识 $P(A)/P(\overline{A})$的差别就反映了"事件 B 已经发生"这个信息的作用。调整的方法，就是将 $P(A)/P(\overline{A})$乘以式(2-6)右端的第二项 $P(B|A)/P(B|\overline{A})$，这一项通常称为贝叶斯因子(Bayes factor)。值得注意的是：无论是 $P(A|B)/P(\overline{A}|B)$还是 $P(A)/P(\overline{A})$，它们都是相同条件下的概率比，而且分子与分母的和总是 1；而贝叶斯因子 $P(B|A)/P(B|\overline{A})$是不同条件下的概率比，分子与分母之和不一定是 1。

贝叶斯因子的表达式很适合人们的直觉，如果 A 发生时 B 发生的概率 $P(B|A)$比 A 不发生时 B 发生的概率 $P(B|\overline{A})$大，那么 B 发生时 A 发生的概率就似乎应该比 A 不发生的概率大。这种考虑问题的方法被著名的美籍匈牙利数学

家波里亚(G. Polya)称之为“合情合理”,贝叶斯公式在一定意义上是合情推理的严格化,给出了相应的条件和公式。

实际上,贝叶斯公式中包含了丰富的辨证思想。

(1)贝叶斯公式既考虑了主观概率,又尊重了客观信息。

(2)贝叶斯公式将静态与动态结合起来,充分利用前人的知识和经验,符合认识的发展过程。

(3)人类的认识过程是一个从实践到认识,再认识到实践这样循环往复的过程。

经典的统计理论仅仅反映了这一无限的认识链中的一个环节,即“实践→认识”的过程;而贝叶斯推断则反映整个知识链条中互相联系的两个环节“认识→实践→认识”。其中,第一个认识活动即先验知识,反映为先验分布,而实践活动主要表现为样本观测。第二个认识活动是认识到实践再到认识的重新认识活动,是对第一次认识的补充、修改和提高;毫无疑问,历史和前人的知识对实践会起指导作用。(袁卫,1990)

虽然人们对某一事物的相信程度(置信度或信念)是主观的,但它可以有客观的依据,而且置信度的得来也有许多的途径。有些是客观规律转化的,有的是从别人的知识、经验、信念中演变得来的,这一转化是单向的。客观的可以转化为主观的,主观的并不会转化为客观的规律。别人的主观信念可以影响到某人的信念,许多人的共同信念会影响到社会的发展,但不会转变成客观规律。

此外,上述的式(2-4)是贝叶斯公式的事件形式。在本书的研究中所提取的纹理特征都是连续型的随机变量,因而在这里用随机变量的密度函数简单叙述一下贝叶斯公式的密度函数形式,即

$$\pi(\theta \mid x)=\frac{h(x,\theta)}{m(x)}=\frac{P(x \mid \theta)\pi(\theta)}{\int_{\theta\in\Theta} P(x \mid \theta)\pi(\theta)\mathrm{d}\theta} \tag{2-7}$$

式中,θ 为所要估计的参数;Θ 为相应的参数空间;$\pi(\theta)$ 是根据参数 θ 的先验信息确定的先验分布;而 $\pi(\theta|x)$ 这个在观测样本 x 的条件下 θ 的条件分布,也被称为 θ 的后验分布;$P(x|\theta)$ 表示在随机变量 θ 给定某个值时,总体指标 x 的条件分布;$h(x,\theta)$ 表示样本 x 和参数 θ 的联合分布;$m(x)$ 是 x 的边缘密度函数。

由式(2-7)可得

$$h(x,\theta)=P(x|\theta)\pi(\theta) \tag{2-8}$$

$$m(x)=\int_{\theta\in\Theta} h(x,\theta)\mathrm{d}\theta=\int_{\theta\in\Theta} P(x \mid \theta)\pi(\theta)\mathrm{d}\theta \tag{2-9}$$

从上式中可以发现,$m(x)$ 与 θ 无关,或者说 $m(x)$ 中不包含 θ 的任何信息,是一个归一化的常数,它保证式(2-7)右边的函数是一个概率分布。

一般说来,先验分布 $\pi(\theta)$ 是反映人们在观测样本(或抽样)前对 θ 的认识,后验

分布 $\pi(\theta|x)$是反映人们在观测样本 x 后对 θ 的认识。它们之间的差异是由于观测样本 x 后人们对 θ 认识的一种调整。所以后验分布 $\pi(\theta|x)$可以看做是集中了总体、样本和先验等三种信息中有关 θ 的一切信息,并对先验分布 $\pi(\theta)$作出调整的结果。是否利用先验信息(先验分布)是贝叶斯统计学与经典统计学的主要差别。然而在实际的应用中,有时并没有任何的先验信息可以利用,在这种情况下,就出现了贝叶斯假设。

2.1.3 贝叶斯假设与共轭分布

贝叶斯假设是贝叶斯学派奠基性工作之一,也是早期贝叶斯学派在实际中成功应用的关键因素之一。假如在试验之前人们对事件 A 没有什么了解,从而对其发生的概率 θ 也说不出是大是小。在这种情况下,贝叶斯建议在区间(0,1)上的均匀分布 $U(0,1)$作为 θ 的先验分布。因为它在(0,1)区间上每一段都是机会均等的,对任何点都没有“偏爱”(茆诗松,1999)。贝叶斯的这个建议被后人称为贝叶斯假设,用数学语言可描述如下。

假定参数 θ 取值的范围是在区域 D 内,则先验分布密度为

$$\pi(\theta)=\begin{cases} c, & \text{当 } \theta\in D \\ 0, & \text{当 } \theta\notin D \end{cases}$$

其中,c 是一个常数。为书写方便起见,往往略去密度取值为 0 的部分,则上式可以写为

$$\pi(\theta)=c, \text{当 } \theta\in D$$

或

$$\pi(\theta)\propto 1, \text{当 } \theta\in D$$

上述两个形式中,最后这个形式更加简洁清楚,因此经常被使用。

然而,贝叶斯假设在 θ 变化范围是无界区域时会遇到困难,此时需要引入广义分布密度才能处理,此时采用的先验密度称为广义贝叶斯假设(张尧庭 等,1991)。

贝叶斯假设是否合理?根据最大熵原则可以证明,随机变量的熵为最大的充要条件是随机变量服从均匀分布(Leonard et al,2005)。因此,贝叶斯假设取无信息先验分布为均匀分布,符合信息论的最大熵原则,因而是完全合理的。

从贝叶斯假设出发,所得的结论,有时与经典方法一致,有时是不一致的。这从另外一个方面也反映了贝叶斯假设确实有它“合理的内核”,问题在于如何确定它适用的范围(张尧庭 等,1991)。

选取先验分布是贝叶斯学习过程中的第一步,也是比较关键的一步。常用的选取方法有主观和客观两种方法。主观的方法是借助人的经验、专家的知识等来指定其先验概率。而客观的方法是通过直接分析数据的特点,来观察数据变化的统计特征,这就要求有足够多的数据才能真正体现数据的真实分布。如果对应用

领域的信息知之甚少或者一无所知，在这种情况下只能采用贝叶斯假设的方法，而这种分布被称为无信息先验分布；如果知道随机变量（参数）的分布，但不知道相应分布的参数，则称它为有信息先验分布。然而，到目前为止，如何合理地选取先验分布，仍然没有可操作的完整理论。人们常常利用已经提出的一些准则（如杰弗莱准则、林德莱准则、最大熵准则）或假设（如贝叶斯假设）来确定。另外，一般情况下，由总体信息、先验信息和样本信息推导出后验分布的具体解析表达式是相当困难的。从上述两个方面考虑，Raiffa 和 Schlaifer(1961)提出共轭先验分布的概念，即先验密度函数与由它决定的后验密度函数属于同一种函数类型，它的具体定义如下。

设 θ 是总体分布中的参数（或参数向量），$\pi(\theta)$ 是 θ 的先验密度函数（先验分布），假如由总体信息和样本信息（综合称为抽样信息）计算得到的后验密度函数（后验分布）与 $\pi(\theta)$ 有相同的函数形式，则称 $\pi(\theta)$ 是 θ 的（自然）共轭先验分布。

共轭先验分布是对某一分布中的参数而言的。如正态均值、正态方差、泊松均值等。离开指定参数及其所在的分布去谈论共轭先验分布是没有意义的。

与非共轭先验分布相比，由先验共轭分布计算后验分布时，只需要利用先验分布做乘法运算，计算特别简单。由于先验共轭分布要求先验分布与后验分布属于同一个类型，就是要求经验的知识和现在样本的信息有某种同一性，它们能够转化为同一类的经验知识。如果以过去的经验和现在的样本提供的信息作为历史知识，也就是以后验分布作为进一步试验的先验分布，再做若干次统计试验，获得新的样本后，新的后验分布仍然还是同一个类型，这样便可以很方便地将历史上做过的各次试验通过贝叶斯公式进行合理的综合，也可以为今后的试验结果分析提供一个合理的前提，这就是共轭先验分布的实际意义所在。可以说，共轭先验分布为贝叶斯学习的实际使用铺平了道路。当然，共轭先验分布也不是“万能”的，先验分布的选取还是应以合理性作为首要原则，计算上的方便与先验的合理性相比是第二位的。表 2-1 列出了在实际中常用的一些共轭先验分布。

表 2-1　常用共轭先验分布

总体分布	参数	共轭先验分布
二项分布	成功概率	贝塔分布 $B(\alpha,\beta)$
泊松分布	均值	伽玛分布 $\Gamma(\alpha,\lambda)$
指数分布	均值的倒数	伽玛分布 $\Gamma(\alpha,\lambda)$
正态分布（方差已知）	均值	正态分布 $N(\mu,\tau^2)$
正态分布（均值已知）	方差	倒伽玛分布 $I\Gamma(\alpha,\lambda)$

2.1.4　贝叶斯方法的计算学习机制

为了进一步直观地说明利用贝叶斯公式计算得到的后验信息如何改善原来的

已有信息,本小节以正态分布为例(茆诗松,1999)进行分析,从参数的变化看先验信息和样本信息在学习中所起的作用。

设 X_1、X_2、…、X_n 是来自正态分布 $N(\theta,\sigma_1^2)$的一个样本,其中 σ_1^2 已知,θ 未知。为了求 θ 的估计量$\hat{\theta}$,取另一个正态分布 $N(\mu_0,\sigma_0^2)$作为该正态均值 θ 的先验分布,即取先验分布为

$$\pi(\theta)=N(\mu_0,\sigma_0^2)$$

用贝叶斯公式可以计算出后验分布仍然为正态分布

$$\pi(\theta|\overline{x_1})=N(\alpha_1,d_1^2)$$

其中

$$\overline{x_1}=\sum_{i=1}^{n}\frac{x_i}{n}$$

$$d_1^2=\frac{1}{\frac{1}{\sigma_0^2}+\frac{n}{\sigma_1^2}}$$

$$\alpha_1=\frac{\frac{1}{\sigma_0^2}\mu_0+\frac{n}{\sigma_1^2}\overline{x_1}}{\frac{1}{\sigma_0^2}+\frac{n}{\sigma_1^2}}$$

用后验分布 $\pi(\theta|\overline{x_1})$的数学期望 α_1 作为 θ 的估计值,有

$$\hat{\theta}=E(\theta|\overline{x_1})=d_1^2\left(\frac{1}{\sigma_0^2}\mu_0+\frac{n}{\sigma_1^2}\overline{x_1}\right) \tag{2-10}$$

由此可见,这样得到的 θ 的估计值$\hat{\theta}$是先验分布中的期望 μ_0 与样本均值$\overline{x_1}$的加权平均。因为 σ_0^2 是 $N(\mu_0,\sigma_0^2)$的方差,它的倒数 $1/\sigma_0^2$ 就是 μ_0 的精度。样本均值$\overline{x_1}$的方差是 σ_1^2/n,它的倒数 n/σ_1^2 就是样本均值$\overline{x_1}$的精度。由此可知,$\hat{\theta}$是将 μ_0 与$\overline{x_1}$按各自的精度加权平均。方差越小者精度越高,在后验均值中所占的比重也越大。当 n 相当大时,先验均值在后验均值中的影响将变得很小。这说明贝叶斯公式求出的后验均值确实对先验信息和样本数据进行了合理的综合,其得到的结果比单独使用先验信息或者样本数据都更加完善,其学习机制确实是有效的。在采用其他共轭先验分布的情况下,也有类似的结果。

从前面的讨论可以知道,在共轭先验分布的前提下,可以将得到的后验信息作为新一轮计算的先验信息,与进一步获得的样本信息综合,求得下一个后验信息。如果多次重复这个过程,得到的后验信息是否越来越接近于实际效果呢?下面对这个问题做进一步的分析。

用计算得到的后验分布 $\pi(\theta|\overline{x_1})=N(\alpha_1,d_1^2)$作为新一轮计算的先验分布时,设新的样本 X_1、X_2、…、X_n 是来自正态分布 $N(\theta,\sigma_2^2)$,其中 σ_2^2 已知,θ 待估计。则

新的后验分布为

$$\pi(\theta|\overline{x_2})=N(\alpha_2,d_2^2)$$

其中

$$\overline{x_2}=\sum_{i=1}^{n}\frac{x_i}{n}$$

$$d_2^2=\frac{1}{\frac{1}{d_1^2}+\frac{n}{\sigma_1^2}}$$

$$\alpha_2=\frac{\frac{1}{d_1^2}\alpha_1+\frac{n}{\sigma_2^2}\overline{x_2}}{\frac{1}{d_1^2}+\frac{n}{\sigma_2^2}}$$

用后验分布 $\pi(\theta|\overline{x_2})$ 的数学期望 α_2 作为 θ 的估计值，由

$$\alpha_1=d_1^2(\frac{1}{\sigma_0^2}\mu_0+\frac{n}{\sigma_1^2}\overline{x_1})$$

计算可得

$$\begin{aligned}\alpha_2&=d_2^2(\frac{1}{d_1^2}\alpha_1+\frac{n}{\sigma_2^2}\overline{x_2})\\&=d_2^2(\frac{1}{\sigma_0^2}\mu_0+\frac{n}{\sigma_1^2}\overline{x_1}+\frac{n}{\sigma_2^2}\overline{x_2})\\&=d_2^2(\frac{1}{\sigma_0^2}\mu_0+\frac{n}{\sigma_1^2}\overline{x_1})+\frac{n}{\sigma_2^2}\overline{x_2}d_2^2\end{aligned}\tag{2-11}$$

又由 $\frac{n}{\sigma_2^2}>0$，故

$$d_2^2=\frac{1}{\frac{1}{d_1^2}+\frac{n}{\sigma_2^2}}=\frac{1}{\frac{1}{\sigma_0^2}+\frac{n}{\sigma_1^2}+\frac{n}{\sigma_2^2}}<d_1^2=\frac{1}{\frac{1}{\sigma_0^2}+\frac{n}{\sigma_1^2}}$$

可知在 α_2 中，有

$$d_2^2(\frac{1}{\sigma_0^2}\mu_0+\frac{n}{\sigma_1^2}\overline{x_1})<\alpha_1$$

也就是说，由于新样本的加入，先验和旧样本所占的比重降低。由式(2-11)容易看出，当新的样本（不失一般性，假定容量相同）继续增加，将有

$$\alpha_m=d_m^2(\frac{1}{\sigma_0^2}\mu_0+\frac{n}{\sigma_1^2}\overline{x_1}+\frac{n}{\sigma_2^2}\overline{x_2}+\cdots+\frac{n}{\sigma_m^2}\overline{x_m})=d_m^2(\frac{1}{\sigma_0^2}\mu_0+\sum_{k=1}^{m}\frac{n}{\sigma_k^2}\overline{x_k})\tag{2-12}$$

由式(2-12)可知，如果所有新的样本的方差相同，则等同于一个容量为 $m\times n$ 的样本。以上过程将先验信息和各样本均值按各自的精度加权平均，精度越高者其权值越大。由此可见，如果能正确估计先验分布密度，就可以使用少量样本数

据，进行少量计算而得到较满意的结果。这在样本难以获取或者代价昂贵的情况下显得特别有用，这也是贝叶斯学习优于其他方法的地方。因此，先验分布的选取在贝叶斯学习中有着举足轻重的作用。如果没有任何先验信息而采用无信息先验分布(贝叶斯假设)时，随着使用样本的增多，样本信息的影响越来越显著。在样本的“噪声”很小的前提下，得到的后验信息也将越来越接近于实际情况，只不过需要大量的计算而已。

先验分布总结了研究者试验之前对未知参数可能取值的有关知识或看法，在获得样本后，上述知识或看法有了调整，调整结果为后验分布。“先验分布＋样本→后验分布”这种模式符合人们的认知过程，即不断地以新发现的资料来调整原有的知识和看法。贝叶斯方法可以综合先验信息和后验信息，既可以避免只使用先验信息可能带来的主观偏见及缺乏样本信息时的大量盲目搜索与计算，也可以避免只使用后验信息带来的“噪声”的影响，因此它适用于具有概率统计特征的数据分析。然而，合理准确地选取先验分布，是贝叶斯方法进行有效学习的关键。

当然，贝叶斯方法至今还有许多争议的地方，它也受到了经典统计学派中一些人的批评，批评的理由主要集中在三个方面——主观性、先验分布的误用和先验依赖数据或模型。但是，它与经典统计学是“并驾齐驱”的，顶住了统计学的“半边天”。

§2.2 贝叶斯网络的基本概念

2.2.1 不确定性推理和联合概率分布

在模式识别、人工智能、数据挖掘等领域中需要经常进行逻辑推理，而在实际问题中又时常存在许多不确定的因素，这就给精确地推理带来一定程度的不确定性。20 世纪 60 年代以来，人们提出了多种方法，如概率方法、非单调逻辑、证据理论、粗糙集理论和模糊数学等。在这些方法中，概率方法是最自然也是最早被尝试的方法之一，因为概率论本身是关于随机现象和不确定性的数学理论。而贝叶斯网络是概率论和图论相结合的产物，它适合于表达和分析不确定性事物，可以从不确定性的知识或信息中做出推理。

利用概率的方法进行不确定性推理，首先需要用一组随机变量来描述问题，再把有关问题的知识表示成一个联合概率分布，最后按照概率论的原则进行概率推理与分析。对于 n 个连续型随机变量 X_1、X_2、…、X_n，它的联合概率计算公式为

$$P(x_1,x_2,\cdots,x_n)=\int_{-\infty}^{x_1}\int_{-\infty}^{x_2}\cdots\int_{-\infty}^{x_n}f(X_1,X_2,\cdots,X_n)\mathrm{d}X_1\mathrm{d}X_2\cdots\mathrm{d}X_n \quad (2\text{-}13)$$

其中，$f(X_1,X_2,\cdots,X_n)$为 n 维随机变量 X_1、X_2、…、X_n 的联合概率密度函数。

然而，在一般情况下，给出 n 维随机变量的联合概率密度函数的具体解析表达

式是相当的困难，即使已知，计算 n 重积分的计算工作量也是相当可观的。由此看来，当随机变量很多的时候，联合概率密度函数的确定及联合概率的获取、存储和计算都变得十分困难。正是由于这个原因，在 20 世纪 60 年，许多学者认为概率论不适合解决人工智能中的不确定性问题。然而，有的学者就开始考虑是否可以把联合概率分布进行分解，把它分解为多个维数较低的概率分布，从而可以降低模型表达的复杂度，减少计算量并提高推理的效率，使得人们可以利用概率的方法解决大型的问题。

2.2.2　条件独立和联合概率的分解

从概率论的角度可以知道，如果 n 维随机变量 X_1、X_2、…、X_n 之间相互独立时，式(2-13)中的联合概率分布可以被分解为 n 个一维概率分布 $f(X_i)$ 的乘积，从而其相应的联合概率也可以被分解成

$$P(X_1, X_2, \cdots, X_n) = \prod_{i=1}^{n} \int_{-\infty}^{\infty} f(X_i) \mathrm{d}X_i$$

在这种情况下，联合概率的计算就变得简单得多，但 n 维随机变量 X_1、X_2、…、X_n 相互独立，这个条件在实际中是比较“苛刻”的，一般情况下，很难满足。然而，在研究和实际应用中，人们发现虽然相互独立的条件不容易满足，但是条件独立的情况确实存在，它比独立相对“弱”一些，在实际的应用中容易被满足。下面先回顾一下独立性的定义。

独立性，也称为边缘独立性和绝对独立性。两个随机变量 X 和 Y 之间的独立性可以写成如下的形式(以下为等价形式)。

(1) $P(XY)=P(X)P(Y)$。

(2) $P(X|Y)=P(X)$。

(3) $P(Y|X)=P(Y)$。

独立性可以显著地减少指定联合概率分布所需的信息量。如果随机变量集可以被划分为独立的子集，那么联合概率分布就能分解成这些子集各自单独的联合分布。于是，当独立性可用时，它们能够帮助降低推理的复杂度。不幸的是，随机变量全集被独立性完全分割的情况是相当少见的。这一点并不难理解，因为我们生活的这个世界是一个万事万物相互联系、不可分割的一个整体。只要在两个随机变量之间存在无论多么微弱的、直接的联系，理论上独立性就不再成立。另外，即使存在独立子集，它们很可能是非常庞大的，所以人们就想起了条件独立性。

两个随机变量 X 和 Y 条件独立于 Z 的一般定义(以下为等价形式)。

(1) $P(X,Y|Z)=P(X|Z)P(Y|Z)$。

(2) $P(X|Y,Z)=P(X|Z)$。

(3) $P(Y|X,Z)=P(Y|Z)$。

条件独立性能够允许概率系统进行规模扩展，而且条件独立性比绝对独立性更加普遍，并容易获得。通过条件独立性将一个大的概率领域分解成一些相互联系非常弱的子集是人工智能领域近几十年来最重大的进展之一。

一般地，考虑 n 维随机变量 X_1、X_2、…、X_n 的联合分布 $P(X_1,X_2,\cdots,X_n)$，则利用链式规则可以把它写为

$$\begin{aligned}P(X_1,X_2,\cdots,X_n) &= P(X_1)P(X_2 \mid X_1)\cdots P(X_n \mid X_1,X_2,\cdots,X_{n-1}) \\ &= \prod_{i=1}^{n} P(X_i \mid X_1,X_2,\cdots,X_{i-1})\end{aligned}$$

对于任意的 X_i，如果存在 $\pi(X_i)\subseteq\{X_1,X_2,\cdots,X_{i-1}\}$，并将$\{X_1,X_2,\cdots,X_{i-1}\}$中除去 $\pi(X_i)$后余下节点的集合记为$\overline{\pi(X_i)}$，则使得给定 $\pi(X_i)$后，X_i 与$\overline{\pi(X_i)}$条件独立，即

$$P(X_i|X_1,X_2,\cdots,X_{i-1})=P(X_i|\pi(X_i),\overline{\pi(X_i)})=P(X_i|\pi(X_i))$$

那么有

$$P(X_1,X_2,\cdots,X_n) = \prod_{i=1}^{n} P(X_i \mid \pi(X_i)) \tag{2-14}$$

这样就得到联合概率分布的一个分解形式。其中当 $\pi(X_i)=\varnothing$时，$P(X_i|\pi(X_i))$为边缘分布 $P(X_i)$。

2.2.3 贝叶斯网络

从式(2-14)所示的分解中可以看到，变量 X_i 的分布直接依赖于 $\pi(X_i)$。1988 年，Pearl(1988)提出一种构造有向图的方法来表示变量之间的条件独立和依赖关系，即先把每个变量都用一个唯一的节点表示，然后对于每一个节点 X_i，都从$\pi(X_i)$中的每个节点引一条有向边到 X_i。下面举个例子来说明。

Pearl 教授家住洛杉矶，那里地震和盗窃时常发生。教授家里装有警铃，地震和盗窃可能触发警铃，听到警铃后，两个邻居 Merry 和 John 可能给 Pearl 教授打电话，从而据此可以建立一个关于警报的贝叶斯网络，简称为警报网络。在警报网络中包含 5 个随机变量(节点)：盗窃节点(B)、地震节点(E)、警铃响节点(A)、接到 John 的电话节点(J)和接到 Marry 的电话节点(M)。所有变量的取值均是“1(yes)”或“0(no)”。这里各变量间的关系存在不确定性：盗窃和地震以一定概率随机发生；它们发生以后，并不一定会触发警铃；而警铃响后，Marry 和 John 可能会因为某些原因，如在听摇滚乐或因听力问题，而没有听到警铃；有时候，两人也会将其他声音误听为警铃声。从而可以分析得到

$$\pi(B)=\pi(E)=\varnothing,\quad \pi(A)=\{B,E\},\quad \pi(J)=\{A\},\quad \pi(M)=\{A\}$$

按照 Pearl 提出构建有向图的方法，便可以得到如图 2-1 所示的有向图。这个图使得随机变量(节点)之间的条件独立和依赖关系一目了然：A 依赖于 B 和

E;M 和 J 都依赖于 A;而从 B 和 E 没有直接到 M 和 J 的有向边,表示给定 A 后,使得这两个随机变量相互条件独立。

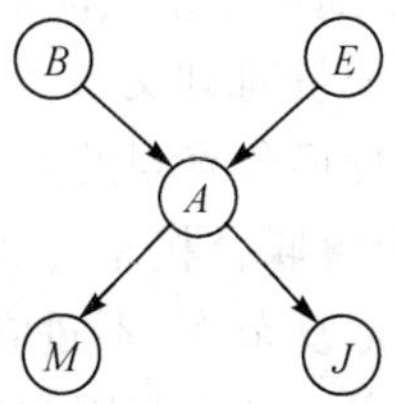

图 2-1　警报网络

在图论中,对于一个有向图,如果从节点 X 到节点 Y 存在一条有向边,那么称 X 为 Y 的父节点(parent node);反过来,Y 称为 X 的子节点(child node)。一个节点的所有父节点和子节点称为它的邻居节点(neighbor node)。而没有父节点的节点称为根节点(root node),没有子节点的节点称为叶节点(leaf node)。一个节点的祖先节点(ancestor node)包括其父节点及父节点的祖先节点,根节点无祖先节点。一个节点的后代节点(descendent node)包括其子节点及子节点的后代节点,叶节点无后代节点。一个节点的非后代节点(non-descendant node)包括所有不是其后代节点的节点。后面分别记节点 X 的父节点为 $\mathrm{pa}(X)$ 或 $\pi(X)$,子节点为 $\mathrm{ch}(X)$,邻居节点为 $\mathrm{nb}(X)$,祖先节点为 $\mathrm{an}(X)$,后代节点为 $\mathrm{de}(X)$,非后代节点为 $\mathrm{nd}(X)$。

贝叶斯网络是用来表示随机变量之间概率依赖关系的图形模型,它描述的是一组随机变量所遵从的联合概率分布,并通过一组条件概率来制定一组条件独立性假设。实际上,它是一个有向无环图,其中节点代表随机变量,节点之间的有向边表示变量之间直接的依赖关系。每个节点都附有一个概率分布,根节点 X 所附的是它的边缘分布 $P(X)$,而非根节点 X 所附的是条件概率分布 $P(X|\pi(X))$。从而,贝叶斯网络的定义可以用一个二元组 $B=\langle G,\Theta\rangle$ 来表示,它由两部分组成。

(1) G 表示有向无环图(directed acyclic graph, DAG),一般由 n 个节点 X_1、X_2、…、X_n 组成,图中的所有节点分别对应一个随机变量,记为

$$G=\{X_1,X_2,\cdots,X_n,A\}$$

A 表示 G 中所有的有向边的集合,它们表示随机变量之间的直接依赖关系,体现了领域知识定性方面的特征。有时也把 G 称为网络的拓扑结构,在 G 中,给定 X_i 的父节点,每个 X_i 独立于它的非后代节点。

(2) Θ 表示条件(局部)概率分布的集合,即与每个随机变量 X_i 关联的条件概率分布的集合。对于离散的随机变量来说,Θ 中的元素是在给定每个变量 X_i 的父节点的条件下,X_i 取不同值的条件概率表(conditional probability table, CPT)。而对于连续的随机变量来说,Θ 中的元素是条件分布的参数,即

$$\Theta=\{P(X_i|\pi(X_i)),\forall X_i\in G\}$$

因而 Θ 也称为参数空间，它体现了领域知识定量方面的特征。

从上述的定义来看，贝叶斯网络可以从定性和定量两个方面来理解。在定性方面，它用一个有向无环图刻画了随机变量之间的独立和条件关系。在定量方面，它利用条件概率分布描述了随机变量对其父节点的依赖关系。而在语义上，贝叶斯网络是联合概率分布分解的一种形象直观的表示。

虽然，条件独立的引入可以分解联合概率分布，从而降低模型的复杂度，但贝叶斯网络的引入却没有进一步降低复杂度，不过它为概率的推理提供了很多的便利。这主要是因为贝叶斯网络一方面具有坚固的数学基础，适合于计算机处理；另外一方面，它比较直观易懂，而且一目了然。此外，Pearl 还认为，贝叶斯网络提供了人脑推理过程的一个模型，因为独立和依赖关系是人们日常推理的基本工具，而且人类知识的基本结构也可以用依赖图来表达。实际上，越来越多的研究领域开始采用贝叶斯网络来展示问题的结构，从而使贝叶斯网络的影响远远超出了不确定性推理和人工智能的范畴(Pearl, 1986)。

如果从信息的角度认识贝叶斯网络，它主要包含五类定量或定性信息，即节点总体信息、节点关系信息、节点状态信息、节点先验概率信息和证据信息。

(1)节点总体信息：是对网络总体情况的一种描述，包括网络的节点总数、各节点的状态数目和各节点的先验概率数目。

(2)节点关系信息：用来描述节点间的因果关系或概率关系，也就是贝叶斯网络中的有向边。

(3)节点状态信息：在网络推理中起着重要的作用，也是推理结果中必不可少的显示信息。

(4)节点先验概率信息：网络中各节点的先验概率是贝叶斯网络的定量知识，主要是节点在其所有父节点状态给定情况下的条件概率，对于那些没有父节点的节点，则是其自身的先验概率。

(5)证据信息：主要包括证据节点总数、相应的节点编号及其状态。

贝叶斯网络作为一种图形化的建模工具，具有一系列的优点。

(1)贝叶斯网络将有向无环图与概率理论有机结合，不但具有坚固的概率理论基础，同时也具有更加直观的知识表示形式。一方面，它可以将人类所拥有的因果知识直接用有向图自然直观地表示出来；另一方面，也可以将统计数据以条件概率的形式融入模型，这样贝叶斯网络就能将人类的先验知识和后验的数据无缝地结合，克服框架、语义网络等模型仅能表达处理定量信息的弱点和神经网络等方法不够直观的缺点。

(2)贝叶斯网络与一般知识表示方法不同的是对于问题域的建模。因此，当条件或行为等发生变化时，不用对模型进行修正。

(3)贝叶斯网络可以图形化表示随机变量之间的联合概率，因此能够处理各种不确定性信息。

(4)贝叶斯网络中没有确定的输入或输出节点,节点之间是相互影响的,任何节点观测值的获得或者对于任何节点的干涉,都会对其他节点造成影响,从而可以利用贝叶斯网络推理来进行估计与预测。

(5)贝叶斯网络的推理是以贝叶斯概率理论为基础的,不需要外界的任何推理机制,不但具有理论依据,而且将知识表示与知识推理结合起来,形成统一的整体。

2.2.4　有向分离与条件独立

贝叶斯网络是概率论与图论相结合的产物。从图论的角度人们可以一目了然地理解节点之间的相互关系(连通与分离),而从概率论的角度定量地刻画了变量之间的相互关系(依赖与独立)。下面将揭示贝叶斯网络中概率论与图论之间的内在联系和相互关系。

在贝叶斯网络中的连接方式(因果关系)有三种类型:顺连、分连和汇连(张连文 等,2006)。信息通过这些连接的传输方式导出一个概念——d-分离,它有助于人们从图论的角度直观地理解条件独立性。

顺连结构如图 2-2(a)所示。若已知 Z 的观测值(或信息)的情况下,通过对 X 的观测,不会影响关于 Y 的信息,也就是说,在 Z 已知的条件下,信息无法在 X 与 Y 之间相互传递,也即 X 与 Y 相互独立。另一方面,若 Z 未知,则通过对 X 的观测会影响关于 Z 的信息,进而影响关于 Y 的信息,从而在 Z 未知的条件下,信息可以在 X 与 Y 之间相互传递,也即 X 与 Y 相互关联或相互依赖。

分连结构如图 2-2(b)所示,它与顺连的情况相类似。若已知 Z 的观测值,信息不能在 X 与 Y 之间相互传递,即 X 与 Y 相互独立。若 Z 未知,则信息可以在 X 与 Y 之间相互传递,即 X 与 Y 相互依赖。在§4.1 中将把简单贝叶斯网络应用于分类中,它在计算每一个待分类单元属于某一个类别 C_i 的后验概率时,先是通过第 C_i 类的训练样本用最大似然法估计出样本均值向量和样本协方差矩阵,即可以看做已知第 C_i 类的信息,从而由分连结构的性质可以得出根节点 C 下的子节点 X_1、X_2、…、X_n 条件独立,因而可以利用条件独立的性质把原先复杂的联合概率密度分解为单个特征概率密度的乘积形式。

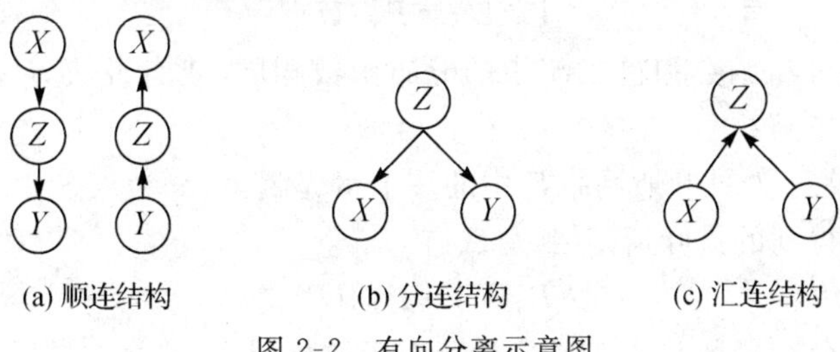

(a) 顺连结构　(b) 分连结构　(c) 汇连结构

图 2-2　有向分离示意图

汇连结构如图 2-2(c)所示,这种结构与分连结构恰恰相反。分连结构表示一因多果,而汇连结构表示多因一果。在信息传递方面,也与分连的情况相反。若已知 Z 的观测值,X 与 Y 相互关联或相互依赖。若 Z 未知,X 与 Y 保持相互独立。为了更好地理解这种情况,引用一个例子(张连文 等,2006)加以补充说明。

在图 2-1 的警报网络中,盗窃节点(B)和地震节点(E)都会触响警铃节点(A),从而有汇连结构:"$B \rightarrow A \leftarrow E$"。在 A 未知的条件下,B 和 E 保持条件独立,即得知"发生了地震"这个信息之后不会改变对"发生了盗窃"这个事件的看法,反之亦然。然而,如果知道"警铃已响"的情况下,B 和 E 却相互关联或相互依赖。若得知"发生了地震"之后,"警铃响"就有了合理的解释,从而对"发生了盗窃"这个事件的信任程度就会降低;反过来,若得知"发生了盗窃"之后,"警铃响"就有了合理的解释,从而对"发生了地震"这个事件的信任程度也会降低。

汇连的信息通道性质可以用形象的方式理解。来自 X(或 Y)的信息会从 Z("漏洞")中悄悄地溜走,从而无法到达 Y(或 X);当 Z 已知时,这个"漏洞"就被堵上,从而信息可以在 X 与 Y 之间相互传递。为了统一术语起见,通常称 X 与 Y 之间的信息通道在 Z 未知时被阻塞,在 Z 已知时,信息通道被连通。

在一个贝叶斯网络中,两个节点 X 与 Y 之间的一条通路是开始于 X 结束于 Y 的一个节点序列,其中节点各异,并且在序列中相邻的节点在贝叶斯网络中都有边将它们相连。如果 X 与 Y 之间所有通道都被 Z 阻塞,那么就称 Z 有向分离 X 和 Y,简称 d-分离 X 和 Y。如果 Z d-分离 X 和 Y,那么当 Z 中的变量全部被观测时,信息就不能在 X 与 Y 之间相互传递,因而 X 与 Y 保持相互独立,也就是说,如果 Z d-分离 X 和 Y,那么 X 与 Y 在已知 Z 的观测值时条件独立。下面不加证明地给出一些推论和引理,具体的证明过程可以参考张连文等(2006)与黄解军(2002)的相关文献。

引理 1 设 U、V、W 是 3 个两两交空的节点集合,如果 $X \in U$ 和 $Y \in V$ 中的任意两个节点都被 W d-分离,那么称 W d-分离 U 和 V。此时,U 和 V 在给定 W 时条件独立。

引理 2 设 S 是一个贝叶斯网络,X 是它的一个叶节点,S' 是从 S 中除去 X 后得到的贝叶斯网络。令 U 为 S' 中所有节点的集合,那么有

$$P_S(U) = P_{S'}(U)$$

即 U 在 S 中的分布函数和它在 S' 中的分布函数相同,或者说从 S 中除去 X 后不会影响 U 的分布函数。

推论 1 设 U 为贝叶斯网络 S 中的一个祖先闭集,S' 为从 S 中除去所有不属于 U 的节点后得到的贝叶斯网络,那么有

$$P_S(U) = P_{S'}(U)$$

即 U 在 S 中的分布函数与它在 S' 中的分布函数相同。其中,如果贝叶斯网络 S 每

个节点的祖先节点都在 U 中，即有 $\forall X\in U$，$\mathrm{an}(U)\subseteq U$，则称 U 是一个祖先闭集。

2.2.5 马尔可夫性

在贝叶斯网络中，d-分离意味着条件独立。d-分离是图论的概念，而条件独立是概率论的概念。下面的定理揭示了贝叶斯网络在图论和概率论方面之间的相互关系。

定理 1　设 U、V、W 为贝叶斯网络 S 中三个两两交空的节点集合，它们的并集为 S 中所有节点。如果 W d-分离 U 和 V，那么 U 和 V 在给定 W 时条件独立，并记为

$$U\perp V\mid W$$

定理 2　整体马尔可夫性：设 X 和 Y 为贝叶斯网络 S 中的两个变量，Z 为 S 中一个不包含 X 和 Y 的节点集合。如果 Z d-分离 X 和 Y，那么 X 和 Y 在给定 Z 时条件独立，即

$$X\perp Y\mid Z$$

定理 3　局部马尔可夫性：在一个贝叶斯网络 S 中，给定变量 X 的父节点 $\pi(X)$，则 X 条件独立于它的所有非后代节点，即

$$X\perp[\mathrm{nd}(X)\backslash\pi(X)]\mid\pi(X)$$

关于贝叶斯网络中的概率可分解性、整体马尔可夫性和局部马尔可夫性，可以用下面的定理来揭示它们之间的内在联系（张连文 等，2006）。

定理 4　假设 P 为一个变量集合 V 的联合概率分布，S 为定义于 V 上的一个贝叶斯网络（或有向无环图），则以下三个性质是等价的。

(1)P 关于 S 具有概率分解性。

(2)P 关于 S 具有整体马尔可夫性。

(3)P 关于 S 具有局部马尔可夫性。

此外，也可以从无向图（马尔可夫网络）中的 u-分离（无向分离）与有向无环图中的 d-分离之间的关系去研究判定 d-分离。关于贝叶斯网络和马尔可夫网络之间关系的一些简单讨论详见§2.6。

在贝叶斯网络中，一个节点 X 的马尔可夫边界 $\mathrm{mb}(X)$（有时也称为马尔可夫链）包括其父节点、子节点及子节点的父节点，即

$$\mathrm{mb}(X)=\pi(X)\cup\mathrm{ch}(X)\bigcup_{Y\in\mathrm{ch}(X)}\pi(Y)$$

推论 2　在一个贝叶斯网络 S 中，给定变量 X 的马尔可夫边界 $\mathrm{mb}(X)$，则 X 条件独立于网络中所有其他变量。

因果马尔可夫假设　给定一个变量的直接原因（父节点），该变量条件独立于所有那些不是它的直接或间接结果（非后代节点）的变量。

2.2.6 贝叶斯网络的分类

在我国，研究工作者一般把 Bayesian networks 译为贝叶斯网络。不过还有许多其他的名称，包括 belief networks(信度网)，probability networks(概率网络)，causal networks(因果网)，knowledge map(知识图)等。在统计学中，图模型这个术语是指包括了贝叶斯网络在内的比较宽泛的一类数据结构。贝叶斯网络的一种扩展，通常被称为 decision networks(决策网络)或者 influence diagram(影响图)。为了更好地认识贝叶斯网络的总体情况，下面按照贝叶斯网络不同的性质进行相应的分类。

一般情况下，随机变量可以根据其定义域分为三类。

(1)布尔随机变量：其定义域为{true, false}。

(2)离散型随机变量：其取值来自一个可数的域。例如，天气(weather)的定义域可能是{晴天，雨天，多云，下雪}。然而，定义域中的值必须是互斥和穷尽的。显然，布尔随机变量是离散型随机变量的一种特殊情况。

(3)连续型随机变量：其定义域可能是整个实数轴，或者诸如[0,1]这样的实数区间。

从而，按照随机变量的类型可以将贝叶斯网络分为三类。

(1)离散型贝叶斯网络：如果构成贝叶斯网络的随机变量是离散的变量且取有限个值，那么这种贝叶斯网络就称为离散型贝叶斯网络。

(2)连续型贝叶斯网络：如果构成贝叶斯网络的随机变量是连续型变量，那么这种贝叶斯网络就称为连续型贝叶斯网络。

(3)混合型贝叶斯网络：如果构成贝叶斯网络的随机变量既有连续变量又有离散变量，那么这种贝叶斯网络就称为混合型贝叶斯网络。

贝叶斯网络作为一种有效的推理工具，它作为分类器得到广泛研究和应用却是在人们发现简单贝叶斯网络分类器的优越性能之后。按照网络的拓扑结构可以将贝叶斯网络分为五类。

(1)简单贝叶斯网络分类器(naive Bayesian networks classifier，NBC)。

简单贝叶斯网络分类器在贝叶斯网络家族中，无论是“内容”还是“形式”都是最为简单的，其拓扑结构如图 2-3(a)所示。在 NBC 中，假设所有的(特征)节点之间相互独立，且它们有且仅有一个父节点，即类别节点 C。显然，这种特征节点之间相互独立的假设过于理想化，让人们有些“担忧和怀疑”，但是过去多年的研究情况改变了人们对它的“忧虑和偏见”，这也确实让人们有些出乎意料。无论与当前流行的分类方法，如神经网络、支持向量机等，还是与经典的分类方法，如最大似然法、最小距离法等相比，NBC 都能与它们相抗衡，特别是在特征节点之间的相关性较弱的情况下，更能显现出它无比的优越性。另外，与其他类型的贝叶斯网络相比，它的结构由先验知识建立，无需进行结构学习，而且还具有计算工作量相对较小，易于学习和稳定等优点。

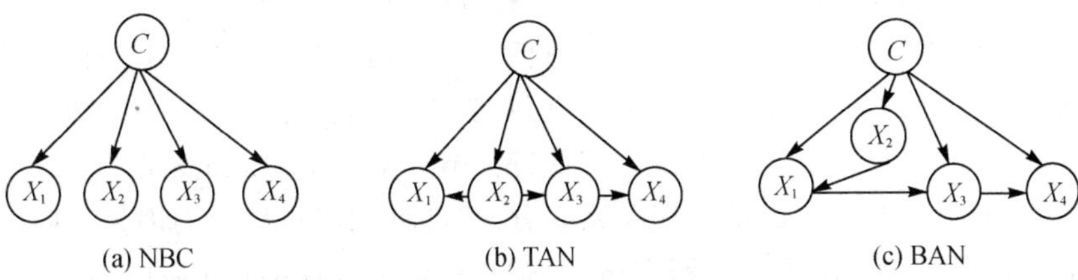

图 2-3　NBC、TAN 和 BAN 贝叶斯网络结构示意图

(2)树增强型简单贝叶斯网络分类器(tree augmented naive Bayes classifier, TAN)。

由于，在 NBC 中，所有的属性节点都属于类节点的马尔可夫覆盖 Cheng，所以可以对 NBC 直接进行增强，保留其结构特点，放松它的独立性假设，使特征变量之间存在一定的简单依赖关系，Friedman 等(1997)首先利用条件独立性检验建立节点之间的连接，从而建立了树增强型简单贝叶斯网络分类器，在本书中简称为树型贝叶斯网络分类器，如图 2-3(b)所示。该分类器的类变量作为所有特征节点的父节点，而特征节点之间构成一个树型结构。

(3)网增强型简单贝叶斯网络分类器(Bayesian networks augmented naive Bayes classifier，BAN)。

实际上，BAN 是对 TAN 的扩展，也是由 Friedman(1997)提出的，该网络允许特征节点之间存在任意的连接关系，不局限于 TAN 的树型结构，如图 2-3(c)所示。

(4)贝叶斯多网分类器(Bayesian multi-networks classifier，BMN)。

BMN 实际上是 BAN 分类器的一种扩展。对于类别变量所有取值，BAN 分类器使特征变量之间保持相同的关系；而 BMN 分类器特征变量之间的关系却随类变量取值的不同而不同。一个简单的贝叶斯多网分类器如图 2-4(a)所示。

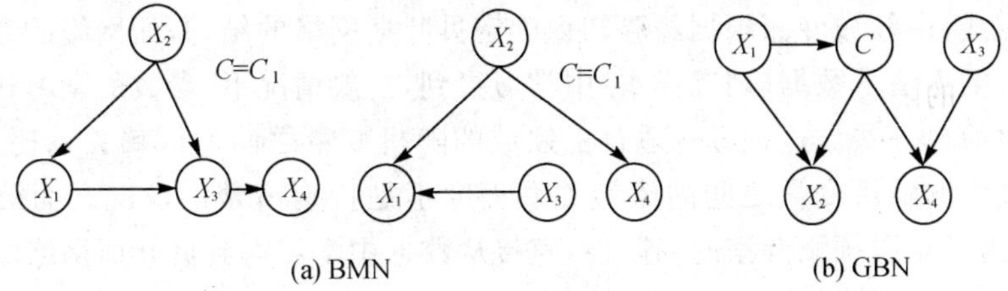

图 2-4　BMN 和 GBN 贝叶斯网络结构示意图

(5)一般贝叶斯网络分类器(general Bayesian networks classifier，GBN)。

为了打破类别节点必须作为特征节点的父节点这一条件的约束，产生了一种无约束的贝叶斯网络，其拓扑结构如图 2-4(b)所示。前面介绍的贝叶斯网络，它们有一个共同的特点，即把类别节点视为“贵宾”，作为所有子节点(特征节点)的父节点。然而，在 GBN 中，它却对类别节点和特征节点“一视同仁”，取消了类别节点“贵宾”的特殊待遇，所以经过结构学习后，类别节点可能只是一部分特征节点的父节点，并不是所有特征节点的父节点，而且类别节点也可能成为一些特征节点的子节点，而一些特征节点也可能成为其他特征节点的父节点，如图 2-4(b)所示。

此外，如果按节点之间的依赖关系来分，贝叶斯网络可以分为因果贝叶斯网络和概率贝叶斯网络。因果贝叶斯网络是指具有因果含义的贝叶斯网络，其中每个节点的父节点被解释为该节点相对于模型中其他节点的直接原因。为了与之区别，有时也将没有因果意义的贝叶斯网络称为概率贝叶斯网络。

§2.3 贝叶斯网络的学习

贝叶斯网络是一个带有概率注释的有向无环图。这个图模型能够表示大量的随机变量集合的联合概率分布(物理的或贝叶斯的)，可以分析大量变量之间的相互关系，利用贝叶斯定量进行学习和统计推断，并实现预测、分类、聚类、因果分析等功能，那么贝叶斯网络又是如何学习得到的呢？贝叶斯网络学习包括两部分内容：首先是贝叶斯网络的结构学习，即定性地刻画节点之间的相互关系得到有向无环图，简称(拓扑)结构学习；其次是在确定贝叶斯网络的结构下进行条件概率分布参数的学习，定量地描述随机变量之间的概率依赖关系，简称参数学习。

通常，贝叶斯网络的结构和参数学习有三种方式。第一种方式，由领域专家根据经验知识来确定贝叶斯网络的结构和参数，早期的贝叶斯网络学习主要是采用这种方式，但这种方式只是适合于问题领域中复杂性不高、随机变量个数较少且随机变量之间的因果概率关系非常清晰的应用领域。此外，由于领域专家的经验知识毕竟还是有限的，不可能面面俱到，很可能存在某种局限性，因而凭借经验学习的贝叶斯网络难免会产生偏差，尤其是当问题领域内的随机变量个数较多的情况。第二种方式，由领域专家根据经验知识确定贝叶斯网络的结构，而网络的参数通过机器学习的方法从数据(训练样本)中学习得到，一般情况下，参数的学习比结构的学习相对简单一些。这种方式适合于领域的随机变量之间的依赖关系比较明显，但对领域中的随机变量之间的依赖关系程度不是特别清楚的情况。而第三种方式，则是为了克服领域专家的局限性，直接从数据中学习得到贝叶斯网络的结构和参数。这种基于数据驱动的方式，特别适合于可利用的领域数据量比较大，而对领域知识难以完全掌握的情况。例如：在影像分类领域中，特征变量之间的因果概率关系并不十分明显，然而它确有大量的训练样本可以利用。(石洪波，2005)

根据数据集是否完备及网络结构是否已知，贝叶斯网络的学习可以分为四种不同的情况，见表 2-2。

表 2-2　贝叶斯网络学习的四种情况

不同情况	网络结构已知	网络结构未知
数据完备	参数学习，包括最大似然估计、最大后验估计、矩估计、最小方差估计、贝叶斯估计等	寻找最优网络结构（将网络结构看做离散变量），包括 MDL 与 BDe 等评估函数、启发式搜索、遗传算法、蚁群算法等
数据不完备	寻找最优概率参数，有 EM 算法、基于梯度的方法、蒙特卡洛方法、高斯算法等	既要寻找最佳网络结构，又要估计最优参数，有结构 EM 算法、混合模型方法等

目前，对于网络结构已知、数据完备或不完备的情况，离散贝叶斯网络学习的主要问题基本上已解决，只是在精度和效率方面还需要进一步深入研究。然而，在数据不完备且网络结构未知的情况下，贝叶斯网络的学习还是一个富有挑战性的研究课题，到目前为止尚缺乏行之有效、普遍适用的解决方法（史忠植，2002；陆汝钤，2001）。

2.3.1　结构学习

贝叶斯网络的结构学习主要有两种方法：一种是通过领域专家的知识或利用先验信息手工构造，另一种是通过数据分析来获取。由此看来，当仅仅从先验信息出发建立贝叶斯网络的时候，该概率是主观的，而当从数据出发进行学习建立贝叶斯网络的时候，该概率是客观的。下面主要介绍直接由数据（训练样本）学习贝叶斯网络结构的方法。

贝叶斯网络的结构学习是指从 n 个节点组成的所有网络结构中，搜索、选择与训练样本数据潜在的概率分布结构，以拟合（匹配）最好的一个有向无环图的过程。如何选择合适的网络结构是结构学习要解决的问题。然而，用于学习的训练样本有时可能是完备（完整充足）的，有时也可能是不完备（或者有数据缺失）。在有数据缺失的情况下，除了要进行结构空间的搜索以外，还要先对缺失的数据进行估计。但是，无论是在哪一种情况下，搜索出一个好的贝叶斯网络结构都需要很长的时间，除非在搜索的过程中引入一些智能的搜索方法，如遗传算法、蚁群算法、人工免疫算法、粒子群算法等，这就是模型优化问题，即需要在较短的时间内搜索最优的模型结构。

此外，在贝叶斯网络的结构学习中有一个非常重要的问题，即选择什么样的目标函数来评价所学习得到的网络结构的质量。这是因为一方面要考虑到与所提供的训练样本数据的拟合逼近程度，另外一方面更重要的是还需要兼顾与问题领域的吻合程度。这就是模型选择要解决的问题，即用什么样的准则来评价不同模型结构的优劣(质量)(Yang et al,2002)。

从目前来看,在已知完备数据集的条件下,贝叶斯网络结构学习的算法可以分为两大类。第一类是采用计分函数评价贝叶斯网络结构的方法,它的基本想法是定义一个评分准则(函数)来评价某个具体的网络结构与训练样本的匹配程度,并选择适当的搜索算法搜索匹配程度(计分函数值)最好的网络结构。具体来说,该方法是先采用启发式搜索的方法构造一个初始的贝叶斯网络结构,接着用计分函数评价该结构的优劣,然后继续搜索其他的贝叶斯网络的结构并用计分函数对其进行评价,一直进行到新的贝叶斯网络结构的计分函数值不再明显地比前一个网络结构的计分函数值更好为止。因而,不同的计分函数就产生了不同的算法,它主要包括计分函数和搜索策略(算法)两部分。常用的计分函数有最小描述长度法(minimum description length, MDL)(Law et al, 1984)、贝叶斯计分法(Bayesian Dirichlet equivalent, BDe)(Cooper et al,1992; Heckerman et al,1995)、基于Kullback-Leibler熵的方法(Herskovits et al,1990)和贝叶斯信息标准法(Bayesian information criterions, BIC)(Schwarz, 1978)等。当数据完备时,BDe、MDL、BIC评价函数都具有可分解性,可以分解成关于每个参数的局部因式,便于计算。而BDe需要先验知识,但是能够自然地利用先验知识和经验。三种方法都具有一致性和渐近有效性,都将收敛于同一个常数,并且都是分值等价的,即等价的网络结构其计分函数值相同。下面先扼要地介绍一下第一类方法中最小描述长度方法MDL的基本思想,再简单介绍一下基于贝叶斯统计的BDe计分方法。

MDL研究的比较早,源于通用编码理论,它的基本思想:数据分析的目的是要找出蕴含在数据中的规律,可以利用它们对数据进行压缩,从而降低数据的编码(描述)长度。因此,用贝叶斯网络分析数据是否成功,可以用数据和模型的编码总长度来度量。MDL计分函数是这个思想的具体化。在具体化的过程中,需要一些假设和近似。不同的假设和近似产出不同的MDL计分函数。在大样本的情况下,用这些MDL计分函数进行模型选择的结果基本上相互等价,而且它们也与BIC计分方法等价(Lanterman, 2001)。

基于贝叶斯统计的BDe计分方法是由Cooper和Herskovits提出的,后来Heckerman等(1995)对此方法进行了改进和扩展(Cooper et al,1992)。该方法的基本想法:首先假定表示变量集合X的联合概率分布的网络结构是可以改进的,它从所有网络结构的一个先验分布开始,对每个结构用贝叶斯定理计算给定网络结构下数据集的概率,计算给定数据集的后验概率,从而选取后验概率最高的网络结构。后验概率可以看做度量网络结构的尺度。

按照贝叶斯方法,定义一个随机变量表示网络结构的不确定性,其状态对应可能的网络结构,假设为S^h,并赋予先验概率分布$P(S^h)$。给定训练样本数据D,D来自X的联合概率分布。然后计算后验概率分布$P(S^h|D)$和$P(\theta_S|D,S^h)$,其中

θ_S 是参数向量,并使用这些分布计算感兴趣的期望值。根据贝叶斯定理可以得到

$$P(S^h \mid D)=\frac{P(S^h,D)}{P(D)}=\frac{P(D \mid S^h)P(S^h)}{P(D)}$$

其中,$P(D)$是一个与结构无关的正则化常数,$P(D \mid S^h)$是边界似然函数。于是确定网络结构的后验分布只需要为每一个可能的结构计算训练样本数据的边界似然。

在无约束多项分布、参数独立、采用 Dirichlet 先验和数据完备的前提下,参数向量 θ_{ij} 可以独立地更新。训练样本数据的边界似然正好等于每一个 i-j 对的边界似然的乘积,即

$$P(D \mid S^h)=\prod_{i=1}^{n}\prod_{j=1}^{q_i}\frac{\Gamma(\alpha_{ij})}{\Gamma(\alpha_{ij}+N_{ij})}\prod_{k=1}^{r_i}\frac{\Gamma(\alpha_{ijk}+N_{ijk})}{\Gamma(\alpha_{ijk})}$$

上式首次由 Cooper 和 Herskovits 在 1992 年推导得到。

实际上,训练样本中暗含着条件独立关系,因而可以通过一些有效的测试方法找出训练样本中的条件独立关系,进而寻找与这些条件独立及依赖关系一致的网络模型,这就是第二类网络结构学习方法——条件独立法,它把贝叶斯网络看做由若干组条件独立的随机变量组成的结构,学习的目的是根据条件独立关系对随机变量进行分组。

然而判断随机变量之间条件独立关系的方法有 χ 拟合优度检验(Spirtes et al, 1991)和条件互信息检验(Cheng et al,2002)等。χ 拟合优度检验算法需要指数级次数的独立性检验测试,时间复杂度较高;而条件互信息检验方法采用随机变量之间的互信息,定量地判断两个随机变量之间的独立性关系,算法所需的时间复杂度为 $O(n^4)$(n 为随机变量的个数),因而它比指数级的时间复杂度要低一些,并且当训练样本数据足够多时,算法可以保证生成一个真实模型的完备映射(石洪波,2005)。该方法包括三个主要阶段。

第一个阶段 drafting:找到尽可能逼近真实模型的网络结构。首先通过计算每两个节点(随机变量)之间的互信息来刻画它们之间的独立性,并根据这个信息构建一个初始的网络结构。

第二个阶段 thickening:通过计算条件互信息来判断两个节点是否条件独立,如果不是条件独立则在初始的网络结构中添加相应的边。

第三阶段 thining:采用条件互信息检查构成当前网络中每条边的两个节点的条件独立性,如果构成边的两个节点是条件独立的,则删除这条边,否则予以保留。

上述的这两类网络结构学习方法各有千秋,但都具有一致性,即当观测到的训练样本数据足够充分并且计算次数足够多时,它们都可以得到"正确"的网络结构。相比而言,基于条件独立的方法比较直观,有时得到的有向边可以理解为因果关系,因而更加贴近贝叶斯网络的定义,并且它将条件独立关系的测试和网络结构的

寻找相分离,从而在速度方面也往往要快一些。然而,其不足之处是对条件独立关系测试而产生的可能误差非常敏感,一旦前面出错就会影响到后面的计算,因而该算法通常渐近地正确,当在训练样本不足的情况下,其结果极有可能不可靠。而基于计分函数评价的方法是一种统计驱动的方法,它的时间复杂度较高,并且它的启发式特性使其有可能无法找到最优解,但它试图在准确性、稀疏性、鲁棒性等多个因素中寻找一个平衡点。

2.3.2 参数学习

参数学习相对结构学习来说要简单一些。从数据中学习已知结构的参数,实际上是学习网络结构中每个节点的条件概率分布参数或者条件概率表。最大似然估计和贝叶斯估计是统计学中两类基本的参数估计方法。根据样本数据的观测情况,参数学习可以分为完备数据的参数学习和不完备数据的参数学习。下面主要介绍完备数据的参数学习。

最大似然估计方法是一种传统的方法,它的基本思想是根据数据样本与模型参数 θ 的似然程度来判断数据样本与贝叶斯网络模型的拟合程度,而似然程度通过似然函数来刻画。似然函数值越大,依据参数 θ 产生样本的可能性也就越大,具体的 θ 值就越“好”。但是,最大似然法没有利用先验知识。

贝叶斯方法学习概率分布,其实是更新随机变量的后验概率。其基本思想是先利用先验知识估计先验概率,再利用训练样本数据将先验概率更新为后验概率。

当训练样本比较多的时候,两种估计方法将收敛于同一个概率值。可是,在大多数情况下两种方法产生的估计值却不相同,部分原因是由两种方法对一个好的估计方法的定义不同而引起的。只要估计方法本身具有一致性就是正确的估计方法,但这两种方法各有优势,也各有其局限性,因而引起了无休止的研究和争论,目前很难评价孰优孰劣。贝叶斯方法的拥护者批评频率方法数学期望的计算是无意义的,因为它关注的是一个一个单一的样本,如果训练样本逐渐增多,每次必须把所有的训练样本合成一个更大的样本重新计算,而贝叶斯方法可以采用序贯估计的方法来计算和估计,不像频率方法否定以前的所有工作。频率方法支持者则认为贝叶斯方法需要先验概率,而大多数情况下充分准确的先验概率无法计算得到,这将会影响最终的估计结果和精度(陆汝钤,2001)。

然而,对于不完备数据的参数学习,可以采用一些近似的方法来解决,如蒙特卡洛方法(Geman et al,1984)、高斯近似方法(Kass et al,1995)、梯度下降方法(Binder et al,1997)及 EM 方法(Lauritzen et al,1988)等。下面举一个例子(Leonard et al,2005)说明最大似然估计与贝叶斯估计的差异。

一个人打靶,打了 n 次分别记为 x_1、…、x_n(x_i 为布尔型变量,命中用 1 表示,否则用 0 表示),命中了 r 次,即

$$r = \sum_{i=1}^{n} x_i = n\bar{x}$$

现在问该人打靶命中率 P 应该如何估计?

由最大似然估计、矩估计等方法都可以得到

$$\hat{P} = \bar{x} = \frac{r}{n}$$

但这一估计有其不合理之处:如果 $n=r=1$,则估计 $\hat{P}=1$;如果 $n=r=100$,则估计还是 $\hat{P}=1$。打了 100 次,每次都命中,直觉上总感觉到该人命中率相当大,而打了一次命中了,就认为这个人的命中率为 1,似乎不是很合适,可见这两种情况不可相提并论、同日而语。如果采用贝叶斯期望型估计,并假设各种命中率 P 的可能性是一样的,即 P 在(0,1)区间上是均匀分布,则

$$\hat{P}_E = \frac{r+1}{n+2}$$

那么有

$$\hat{P}_E = \begin{cases} \dfrac{2}{3}, & n=r=1 \\ \dfrac{101}{102}, & n=r=100 \end{cases}$$

显然这个估计要比 $\hat{P}=\bar{x}$ 要合理一些。

§2.4　贝叶斯网络的推理

贝叶斯网络的推理实际上是进行概率计算。具体而言,在给定一个贝叶斯网络模型的情况下,根据已知条件,利用贝叶斯概率中条件概率的计算方法,计算出感兴趣的查询节点所发生的概率。在贝叶斯网络推理中,主要有以下三种形式(Pearl,1988)。

(1)因果推理:原因推知结论,即由顶向下的推理。其目的是由原因推导出结果。已知一定的原因(证据),使用贝叶斯网络的推理计算,求出在该原因的情况下结果发生的概率。

(2)诊断推理:结论推知原因,即由底向上的推理。其目的是在已知结果时,找出产生该结果的原因。已知发生了某些结果,根据贝叶斯网络推理计算,得到造成该结果发生的原因和发生的概率。该推理经常应用在病理诊断、故障诊断中,目的是找到疾病发生、故障发生的原因。

(3)支持推理:支持推理,即提供解释以支持所发生的现象。其目的是对原因之间的相互影响进行分析。该推理是贝叶斯网络推理中的一种合理、有趣的现象。

另外，从证据角度来区分，贝叶斯网络推理可分为无证据推理和有证据推理两大类。无证据推理刻画了网络的初始状态，而在有证据推理中，证据信息的表达和传递是十分重要的。

总之，贝叶斯网络推理就是在网络结构中使用条件概率公式和贝叶斯公式来计算后验概率的过程。贝叶斯网络依据推理算法的准确性可以分为精确推理和近似推理两大类。精确推理可以精确地计算出感兴趣的随机变量的后验概率，它一般用于简单的贝叶斯网络结构；而许多情况下都需要采用近似推理算法，它是指为了提高计算效率，在不影响推理正确性的条件下，适当地降低推理的精度，从而简化计算和推理过程，这种推理算法常常用于贝叶斯网络结构比较复杂的情形。

2.4.1 精确推理

精确推理的方法主要有变量消元法(Dechter，1999)和团树传播法(又称连接树算法)(Jordan et al，1999)等，但 Cooper(1990)已经证明对任意贝叶斯网络的精确推理是一个 NP 难题，特别是当节点(随机变量)较多的时候，它的计算复杂度很高，因而精确推理的算法不再适用。

目前最流行、实际应用最广泛的是团树传播法。它的基本思想是保持贝叶斯网络中的马尔可夫特性，通过生成道义图(moral graph)、有弦图(chordal graph)及连接树(junction tree)，将一个贝叶斯网络等价地转换为一个无向的树型连接图。而连接树的构造一般分为三个步骤(Jordan et al，1999；石洪波，2005；张连文等，2006)。

(1)对贝叶斯网络中各节点的父节点两两连线，并去掉所有连接的箭头，形成道义图。

(2)在道义图中添加一些边，得到的图形结构三角化，从而形成有弦图。

(3)在有弦图中识别出一系列的节点集(称为“团”，这也是把该算法称为团树传播法的原因)，而且不存在另一个包含该节点集的完备节点集。利用这些团，添加一些边和分隔节点构成连接树。

在连接树上，通过采用收集证据和扩散证据两个过程来完成网络的平衡。该算法的时空复杂度与连接树中最大群(导出宽度)的大小密切相关。由于从贝叶斯网络到连接树的转换过程不唯一，所以可以通过不同的构造算法对其进行优化。

2.4.2 近似推理

有效的贝叶斯网络推理算法是贝叶斯网络的重要内容，也是其应用的前提。自从证明了任意结构的贝叶斯网络上的精确推理都是 NP 难题以后，人们越来越多地开始关注近似算法。近似推理算法可以分为两类：随机抽样法(Pearl，1987)和基于搜索的近似方法(Poole，1996)。

随机抽样法中应用比较广泛的算法是 Gibbs 抽样算法，它的基本思想是在满足观测证据的指派空间中进行“随机游走”。“随机游走”过程中遇到的样本集合的分布会收敛于真实的后验分布。要先将所有的观测节点设置为其观测值，其他节点设置为随机数值。新数值的选取不是任意的，而是按某种方法进行抽样。当算法进行若干步骤之后，当前的样本就是来自于后验分布的一个样本。（石洪波，2005）

基于搜索的近似方法的基本思路是，当对联合概率求和的时候，由于联合概率中的取值项的概率可能会差别很大，某些项的概率可能比其他项的概率高很多，只对加起来占很大比例的分布项求和就能够得到较好的近似效果。因此，先构造一个贝叶斯网络对应的搜索空间树，每个节点对应一些变量的取值组合及其概率，根据概率的扩展公式，每个中间节点的概率等于其所有后代叶节点的概率之和。于是，贝叶斯网络的推理过程就变成了在该树上的搜索过程。（石洪波，2005）

实际上，从理论方面来看，贝叶斯网络的近似推理也可能是 NP 难题，但是，近似推理在许多实际问题中，常常被证明是非常有效的（Dagum et al，1993）。

贝叶斯网络推理算法多种多样。一个很自然的问题：对于一个给定的贝叶斯网络，哪一个算法性能最优呢？这就是所谓的算法选择问题。为此，Jitnah 和 Nicholson 研究了网络的特征和精确推理算法的性能之间的关系（Jitnah et al，1996）。而 Guo Haipeng（2003）提出了一个基于机器学习的 MPE（most probable explanation）算法选择系统，能够实时选择合适给定网络的 MPE 近似算法。

§2.5 动态贝叶斯网络

实际中的许多随机现象都涉及一些随时间变化的随机变量，如连续变化的视频图像、语音的产生、GPS 信号的连续观测等。为了能够对此类动态时变随机过程进行表达和推理，人们提出动态贝叶斯网络（dynamic Bayesian networks，DBN）的概念（Dean et al，1989；Mittal et al，2007），有时又称为时变贝叶斯网络（temporal Bayesian networks）。

一个动态贝叶斯网络可以定义为$(S_0, S_{\rightarrow})$。其中，S_0 是一个标准贝叶斯网络，定义了初始时刻的概率分布 $P(Z_0)$；$S_{\rightarrow}$是一个包含两个时间片的贝叶斯网络，定义了两个相邻时间片的各变量之间的条件分布，即

$$P(Z_t \mid Z_{t-1}) = \prod_{i=1}^{N} P(Z_t^i \mid \pi(Z_t^i))$$

式中，Z_t^i 是位于时间 t 时的节点 i，$\pi(Z_t^i)$是 Z_t^i 的父节点。$S_{\rightarrow}$中前一个时间片中的节点可以不给出参数，第二个时间片中的每个节点都有一个条件概率分布 $P(Z_t^i \mid \pi(Z_t^i))$且 $t>0$。Z_t^i 节点的父节点$\pi(Z_t^i)$可以在同一时间片内，也可以在前一

时间片内。位于同一时间片内的边可以理解为瞬时作用，而跨越时间片的边可以理解为时变作用，反映了时间的流逝。

动态贝叶斯网络包含了两个假设：①一阶马尔可夫假设，即各节点之间的边位于同一时间片内或者位于相邻时间片之间，不能跨越时间片；②时齐性或齐次性，即 $S_{\rightarrow}$ 中的参数不随时间变化。根据初始分布和相邻时间片之间的条件分布，可以将动态贝叶斯网络展开到第 T 个时间片，结果得到一个跨越多个时间片的联合概率分布，即

$$P(Z_{0:T}) = \prod_{t=0}^{T}\prod_{i=1}^{N} P(Z_t^i \mid \pi(Z_t^i))$$

目前，有的学者已经把动态贝叶斯网络应用在多时相遥感变化检测中，动态贝叶斯网络为实现遥感变化检测从静态到动态分析提供了一种新的途径，同时在遥感时序数据动态变化分析的研究方面也展示了巨大的发展潜力(欧阳赟 等，2006，2007)。

§2.6 贝叶斯网络与其他算法的关系

从统计学角度来看，贝叶斯网络是图模型(Jordan et al，1999)的一种，而从计算机网络角度来看，贝叶斯网络是复杂网络的一种(Neapolitan，2004)。然而，统计学、系统工程、信息论及模式识别等学科中许多经典的多元概率模型都是贝叶斯网络的特例，包括简单贝叶斯网络、隐类模型(Goodman，1974)、混合模型(Mclachlan et al，1988)、隐马尔可夫模型、卡尔曼滤波模型等。贝叶斯网络为这些模型提供了一个共同的框架，使得在一个领域获得的结果可以推广到其他领域。更重要的是，它也为发展新模型提供了一个自然的框架。例如，动态贝叶斯网络就是最近几年在这个框架下发展起来的一类新模型，它主要用于对多维离散时间序列的监控和预测。另一个例子是多层隐类模型，它是对隐类模型的推广，能够揭示观测变量背后的隐含结构(张连文，等，2006)。

决策网(decision networks)是另一个与贝叶斯网络紧密相关的模型。贝叶斯网络使得人们可以把概率论应用于复杂领域，而决策网使得人们可以把决策论应用于复杂领域。决策网中有三类不同的节点：表示决策变量的决策节点、表示效用函数的效用节点及表示随机变量的机会节点。相对而言，贝叶斯网络只有表示随机变量的机会节点。决策网有时也被称为影响图(influence diagram)。

此外，马尔可夫网络(Markov networks)是类似于贝叶斯网络的另一种进行不确定性推理的有力工具。马尔可夫网络是一个无向图，而贝叶斯网络是一个有向无环图。由于发现马尔可夫网络不需要发现边的方向，因此比发现贝叶斯网络要容易得多。因此，何盈捷和刘唯一(何盈捷 等，2002)提出了一种可以通过发现

马尔可夫网络得到等价贝叶斯网络的方法。

§2.7　本章小结

本章主要对贝叶斯网络的基本原理进行了系统地介绍、分析和归纳总结。首先，简单介绍了与贝叶斯网络密切相关的贝叶斯学习的基础理论，在此基础上从概率论和图论两个角度阐述了贝叶斯网络的基本概念和基本原理。其次，针对贝叶斯网络的学习，从结构学习和参数学习两个方面分别进行了分析说明。再次，讨论了贝叶斯网络的精确和近似推理算法，以及动态贝叶斯网络，最后指出贝叶斯网络与其他算法的关系。

第3章 基于贝叶斯网络的特征选择

特征提取与选择在模式识别领域中扮演着举足轻重的角色，它的优劣在很大程度上影响着分类器的设计和性能，因而它是模式识别领域中的三大核心问题之一(孙即祥，2002)。特征提取广义上指的是一种变换，对高维空间通过映射或变换的方式转换到低维空间，从而进行降维。而特征选择指从一组特征中去除冗余或不相关的特征来降维。本章首先回顾特征提取与选择的任务，并阐述它的作用和意义；接着对现有的特征提取与选择方法进行归纳和总结；最后针对目前许多特征选择方法都被当做数学上的一个组合优化问题的现状，本章另辟蹊径，充分利用贝叶斯网络中节点(特征)之间的因果关系，提出一种新的特征选择方法，并进行初步的尝试。

人们通常认为在处理模式识别问题时，提取的特征越多越能反映事物的本质，从而更加有利于分类器的设计和识别能力，但实际情况并非如此。从原则上说，这并没有错。但无论是从计算的复杂度，还是从分类器的性能考虑，大量的特征也是难以承受的，而且实际上也不需要大量的特征。因为尽管这些大量的特征包含着客体的大量有用信息，但对于一个固定的识别任务来说，其中也有很多无用的信息，正是这些冗余特征的存在反而干扰了学习的质量，从而影响分类器的性能。即使是些有用的信息，在某些情况下，仍然不能反映出客体的类别本质属性，有时往往需要通过某些变换才能得到更有意义的物理量(特征)，这是因为在现实世界中有些量是无法直接观测得到，只能通过观测与其相关的其他量，再借助于数学手段或其他手段进行变换，间接提取得到所需的物理量(特征)(杨光正 等，2002)。因此，无论在理论上，还是在实际中，研究如何把高维特征空间压缩到低维特征空间都是非常有意义的工作，这也正是特征提取与选择的任务。

通过特征提取与选择可以剔除冗余的信息，从而大大地减少计算量，而且在低维特征空间中可以用图形的形式直观地表示特征之间内部的固有结构。选择最相关的特征可以帮助人们透过现象更加深入地理解识别问题的本质，从而提高分类器的性能，包括速度、稳定性和识别能力，这就是特征提取与选择的作用和意义(Ahmad et al，2005)。

贝叶斯网络中蕴含着许多的条件独立关系，它与因果关系之间存在着一定的联系。本章主要通过因果马尔可夫假设，建立因果关系与条件独立之间的桥梁，并尝试利用贝叶斯网络中的因果关系进行特征选择。该方法不同于传统的特征选择方法，这是因为许多传统的特征选择方法都只是把特征选择问题当做数学上的一个组合优化问题来处理，而忽略了特征之间所蕴含的内在物理含义。

§3.1　影像特征选择方法概述

特征提取与选择是模式识别的一个关键问题。如果给定一组特征，从本质上来说，在具体实施时有如下两种基本途径(Guyon et al,2003)。

(1)当实际用于分类识别的特征数目 d 给定以后，直接从已获得的 n 个原始特征中选出 d 个特征 x_1、x_2、…、x_d，使最优化准则 J(也称为评价准则或评价函数，如可分离性判据函数)的值满足

$$J(x_1, x_2, \cdots, x_d) = \max\{J(x_{i1}, x_{i2}, \cdots, x_{id})\} \tag{3-1}$$

式中，x_{i1}、x_{i2}、…、x_{id} 是 n 个原始特征中的任意 d 个特征，也即直接寻找 n 维特征空间中的 d 维特征子空间。这类直接选择特征的方法称为特征选择，主要有分支定界法和回归分析方法等(孙即祥,2002)。

(2)在使最优化准则 J 取得最大的目标下，对 n 个原始特征进行变换降维，即对原 n 维特征空间进行坐标变换，再取子空间。这类变换方法称为特征提取，变换后的特征所蕴含的物理意义与原始特征所携带的物理意义发生了变化。比较经典的方法有主分量变换、独立分量变换、基于可分离性判据的特征提取、基于误判概率的特征提取和基于决策边界的特征提取等(Uncua et al,2007;孙即祥,2002)。

在一定意义上特征选择和特征提取都要求满足最优化准则，目的都是对原始特征空间的降维，只是实现的途径不同。特征选择是根据专家经验和知识或根据某种评价准则挑选出那些对分类最有影响力的特征，但并未生成新的特征，因而没有改变原始特征的物理含义。而特征提取是通过某种变换的数学方法获得一组低维的新特征，改变了原始特征的物理含义，可以提取原先未能直接提取的信息。然而，有时这两种方法并不是截然分开的，适当的组合可以发挥更好的效果。例如：可以先将原始特征空间映射到维数较低的特征子空间，再在这个特征子空间中选择，以进一步降低维数。当然也可以先经过特征选择，删除那些明显没有分类信息(或识别能力)的特征，再进行映射(特征提取)，以降低特征的维数。由于两种方法可以用同一个数学模型来描述，前者可以看做后者的一个特例，因此在本书后面的叙述中不再仔细区分特征选择和特征提取的概念，根据上下文确定即可。

特征选择算法的基本流程如图 3-1 所示。

从图 3-1 中可以看到，一个典型的特征选择算法通常包括四个基本步骤。

(1)子集的产生。这是一个搜索过程，通过一定的搜索策略产生候选的特征子集。子集的产生是启发式搜索的必要过程，它包含两个方面的内容。一方面，搜索起点是算法开始搜索的状态点，搜索起点的选择对搜索策略有重要影响。另一方面，必须确定搜索策略，对于一个 n 维的数据集，存在 2^n 个候选子集，即使是较小

的 n,穷尽搜索都是不可行的,因此需要采用一些搜索策略,主要包括完全搜索、启发式搜索和随机搜索。对于小规模的特征集合,可采用穷尽式搜索求得最优子集。对于中等规模的特征集合,当评价函数对特征维数满足单调性时,可采用分支定界法求解最优特征子集。但实际问题中,评价函数通常不具备单调性,同时分支定界法的算法复杂度与特征个数之间是指数关系,在 n 较大时由于计算量太大而无法应用。因此,人们一直致力于寻找能得到较好次优解的搜索算法。启发式算法根据某种特征选择方向来寻找一个次优的特征子集。随机选择算法则通过在规定的时间或者次数内随机地选择特征子集来做判断,以此来找到一个次优的特征子集。这两类算法比完全搜索的算法快,但搜索结果的质量却被降低了(张丽新,2004)。

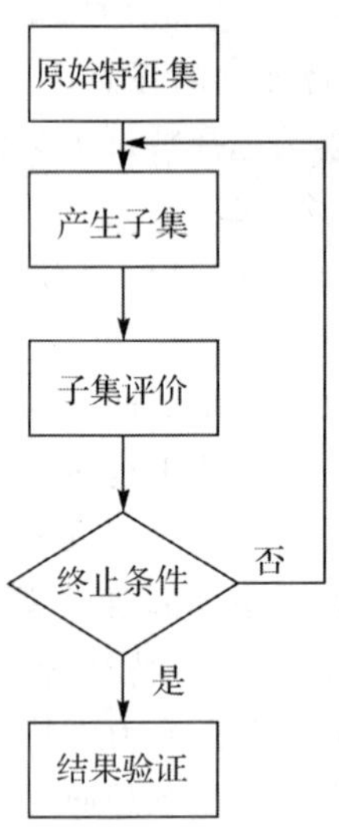

图 3-1 特征选择流程图

(2)子集评价。每一个候选的特征子集都根据一定的评价准则进行评价并与先前最优的特征子集进行比较。评价准则可以分为三类:准确性准则、一致性准则和经典准则(张丽新,2004)。准确性准则用机器学习算法的准确率来评价特征子集的优劣。一致性准则用样本集中不一致性来评价特征子集的优劣。经典准则包括距离度量准则、信息度量准则、关联性度量准则和相关性度量准则等。其中,距离度量准则又包括类间距离度量和概率距离度量,类间距离度量中有欧式距离和马氏距离(Mahalanobis distance)等,而概率距离度量有 Bhattacharyya 距离,Kolmogorov距离和 Kullbak-Liebler 距离等(李云,2005)。

(3)终止条件。指算法结束所要满足的条件。它与子集的产生过程和选用的评价准则有关。经常采用的终止条件:已经达到某种给定的界限如指定的特征数或循环次数等,再增加(或删除)任何特征都不能获得更好的结果,或对于给定的评价准则已获得足够好的特征子集。

特征选择从其输出结果来说可以分为两类：①连续的特征选择，保留所有的特征，只是为每个特征赋予不同的权值；②二值特征选择，即从原始特征集中选择一个或几个特征子集来降低模式的维数，且满足一定的评价准则（Guyon et al，2003）。

（4）结果验证，根据一定的先验知识或通过测试样本（包括模拟数据和实际观测数据）来证明所选择的特征子集的识别能力。先验知识通常是指对进行特征选择的数据集的了解，而在实际应用中，这种先验知识通常是无法获得的。于是一般情况下就通过特征子集对测试样本的识别能力来验证所选择特征子集的质量。

实际上，学者们已经提出各种各样的特征选择方法，而且对不同的方法已进行了深入的研究，并取得了大量的研究成果。此外，近些年来，研究工作者继续对一些新的方法和思想进行尝试，并从不同的角度进行分析和研究。到目前为止，人们利用贝叶斯网络进行特征选择的研究还相对较少。早在1995年，Provan等（1995）就把贝叶斯网络作为一种分类器，并把训练样本的训练精度作为评价准则进行了特征选择。5年后，Inza等把特征选择视为一个搜索问题，并采用遗传算法进行启发式搜索；为了克服遗传算法过早陷于局部最优解，他们利用贝叶斯网络中的概率结构信息改进遗传算法中的交叉和变异操作，从而可以保证搜索方向朝着最优方向进行（Inza，1999；Inza et al，2000；Inza et al，1999）。到了2004年，Hruschka等（2004）对类别节点与普通的特征节点"一视同仁"，在采用改进的K2算法构建一般贝叶斯网络后，寻找类别节点的马尔可夫链，删除不属于马尔可夫链的节点，并把剩下的节点作为特征选择的结果；该方法利用一部分贝叶斯网络的结构信息（即类别节点的马尔可夫链）进行特征选择，由于它的方法是采用改进的K2算法来构建一般贝叶斯网络的结构，因而它只是适用于离散型贝叶斯网络。2004年，国内的佘芳等（2004）在文本分类的研究过程中提出了一种基于简单贝叶斯分类的特征选择方法。

此外，在贝叶斯网络中蕴含着许多条件独立关系，由于因果马尔可夫假设，因而也存在着节点之间的因果关系。鉴于此，本章提出一种利用贝叶斯网络中节点之间的因果关系的结构信息进行特征选择的方法，它把类别节点视为"特殊节点"（不参与网络结构的学习，直接作为所有特征节点的父节点），并利用训练样本学习得到BAN的网络结构。为了加快收敛速度，在结构学习中引入遗传算法。

由于节点之间的因果关系，从推理的角度来看，子节点的父节点可以推理出该子节点的大部分相关信息，从而在构建的贝叶斯网络（除去类别节点）中，选择那些无父节点的节点作为特征选择的结果。这是因为与这些节点相连的子节点所携带的信息可以由它们的父节点推理得到，所以可以把这些子节点所携带的大部分相关信息视为冗余信息，进而删除这些子节点，而保留那些无父节点的节点作为选择的特征(节点),这正是本章进行特征选择的基本思想。

§3.2 影像纹理特征的描述与提取

影像纹理特征的描述与提取是影像分类中的一个关键步骤。在航空影像中,各种地貌和地物大多数都呈现纹理型。例如:起伏的丘陵具有平滑而不破碎、凸形表面的纹理,起伏大的丘陵呈现高度破碎的纹理;道路、居民地等具有规则的纹理,而自然地物则呈现不规则的、随机分布的纹理。与其他特征相比,纹理反映了影像灰度模式的空间分布,包含了影像的表面信息及与周围环境的关系,更好地兼顾了影像的宏观结构与微观结构。这些年,纹理特征已经成为影像处理与分析中一个非常重要的特征。而且,纹理特征已经被公认为一种比较有效的特征,用它辅助传统的特征进行分类时,可以进一步地提高影像分类的精度(Castleman,1998)。

目前,影像纹理特征可以分为三类:统计性纹理特征、结构性纹理特征和组合纹理特征(既有统计性纹理特征又有结构性纹理特征)。统计性纹理特征把纹理视为一种随机统计过程,通常用一些局部区域抽象出来的统计特征来定义纹理。该方法多用于自然影像等分布比较随机、规则的纹理,其具有代表性的方法有灰度共生矩阵法、灰度游程法、纹理能量和纹理模型法等。而结构性纹理特征由纹理元模式的周期性空间排列组成,因而在实现结构性纹理描述时,该方法通常需要进行结构元及其空间排列规则的表达。其具有代表性的方法有基于结构元提取的方法和文法模型法等。下面分别简单介绍基于灰度共生矩阵的纹理特征、基于小波变换的纹理特征和分形维纹理特征等。

1.基于灰度共生矩阵的纹理特征

灰度共生矩阵法(也称为空间灰度级相关方法)是通过对影像灰度级之间二阶联合条件概率密度 $P(i,j,d,\theta)$ 的计算表示纹理。$P(i,j,d,\theta)$ 表示在给定空间距离 d 和方向 θ 时,以灰度级 i 为起始点,出现灰度级 j 的概率。将方向为 θ,间隔为 d 的灰度共生矩阵记为 $[P(i,j,d,\theta)]$。$P(i,j,d,\theta)$ 表示矩阵第 i 行 j 列元素,θ 一般取 0°、45°、90°、135°。获得灰度共生矩阵并不是最终目的,但可以根据共生矩阵定义出大量的纹理特征(称为二次统计量),借助于所得的纹理特征值则可以进行航空影像的纹理分类。Haralick 等人早在 1973 年就已经提出了基于灰度共生矩阵的 14 种统计特征,通常用得比较多的纹理特征是以下 5 种(郑肇葆,2000)。然而,在求灰度共生矩阵之前,通常的做法是把灰度级数压缩为 16 级。

(1)角二阶矩(能量)。其公式为

$$f_1 = \sum_{i=0}^{L-1} \sum_{j=0}^{L-1} \widetilde{P}^2(i,j) \tag{3-2}$$

式中,L 表示灰度级;$\widetilde{P}(i,j)$ 是 $P(i,j,d,\theta)$ 略去了间隔 d 和方向 θ 的简写形式,并

且进行了正则化的处理。

角二阶矩反映了图像灰度分布均匀程度和纹理的粗细度，由于它是灰度共生矩阵中各元素的平方和，因此又称为能量。能量大则纹理粗，能量小则纹理细。

(2)对比度(惯性矩)。其公式为

$$f_2 = \sum_{n=0}^{L-1} n^2 \sum_{\substack{i=0 \\ n=|i-j|}}^{L-1} \sum_{j=0}^{L-1} \widetilde{P}(i,j) \tag{3-3}$$

对比度可理解为图像的清晰度。纹理纹路越深，则对比度越大；纹路越浅，则对比度越小。

(3)相关。其公式为

$$f_3 = \frac{\sum_{i=0}^{L-1} \sum_{j=0}^{L-1} ij\widetilde{P}(i,j) - \mu_1\mu_2}{\sigma_1^2\sigma_2^2} \tag{3-4}$$

式中，μ_1、μ_2、σ_1、σ_2 分别定义为

$$\mu_1 = \sum_{i=0}^{L-1} i \sum_{j=0}^{L-1} \widetilde{P}(i,j) \tag{3-5}$$

$$\mu_2 = \sum_{j=0}^{L-1} j \sum_{i=0}^{L-1} \widetilde{P}(i,j) \tag{3-6}$$

$$\sigma_1^2 = \sum_{i=0}^{L-1} (i-\mu_1)^2 \sum_{j=0}^{L-1} \widetilde{P}(i,j) \tag{3-7}$$

$$\sigma_2^2 = \sum_{j=0}^{L-1} (j-\mu_2)^2 \sum_{i=0}^{L-1} \widetilde{P}(i,j) \tag{3-8}$$

相关用来衡量灰度共生矩阵元素在行或列方向上的相似程度。在相似程度高的方向上计算出来的相关值，要大于在相似程度低的方向上计算出的相关值。

(4)熵。其公式为

$$f_4 = -\sum_{i=0}^{L-1} \sum_{j=0}^{L-1} \widetilde{P}(i,j) \log_2 \widetilde{P}(i,j) \tag{3-9}$$

熵是图像信息量的度量。当纹理极细且均匀分布时，可以得到最大熵；当纹理粗且分布不均匀时，其熵是较小的。

(5)逆差矩。其公式为

$$f_5 = \sum_{i=0}^{L-1} \sum_{j=0}^{L-1} \frac{\widetilde{P}(i,j)}{1+(i-j)^2} \tag{3-10}$$

逆差矩与对比度基本上成反比，因此逆差矩越大，纹理越均匀。

2.基于小波变换的纹理特征

小波变换是一种提取纹理特征的有效途径，它能够反映水平、垂直和对角线方向上的高频信息，在一定程度上体现了纹理的差别。将一幅图像 $f(x,y)$ 看做二维

信号,根据二维小波分解算法得到 2^j 分辨率的分量,即

$$\left.\begin{aligned} C_j &= H_c H_r C_{j-1} \\ d_j^1 &= G_c H_r C_{j-1} \\ d_j^2 &= H_c G_r C_{j-1} \\ d_j^3 &= G_c G_r C_{j-1} \end{aligned}\right\} \tag{3-11}$$

式中,H 和 G 为两个一维滤波算子,小标 c 和 r 对应于图像的列和行。且有

$$\left.\begin{aligned} (H_a)_k &= \sum_n h(n-2k)a_n \\ (G_a)_k &= \sum_n g(n-2k)a_n \end{aligned}\right\} \tag{3-12}$$

式中,a 表示 c 或 r,h 和 g 分别为

$$\left.\begin{aligned} h(n) &= \frac{1}{\sqrt{2}}\int \Phi(\frac{1}{2}x)\Phi(x-n)\mathrm{d}x \\ g(n) &= \frac{1}{\sqrt{2}}\int \Psi(\frac{1}{2}x)\Phi(x-n)\mathrm{d}x \end{aligned}\right\} \tag{3-13}$$

式中,$\Phi(x)$称为比例函数;$\Psi(x)$就是小波。二维小波变换可以通过两个独立的一维变换来实现,即 $\Phi(x)$和 $\Psi(x)$可分别看做低通和带通滤波器。小波变换可以解释为在一个独立空间方向上的频率通道。

在利用小波构造特征时,小波基的选择不同会影响到影像的特征提取。母小波的特性主要包括消失矩、规则性、对称性和正交性。一般认为,基函数的消失矩越高,规则性越好,对光滑信号的表示能力越强。对称性越好,越能保证信息的不失真,越有利于提高分类的精度。而对于正交性,通常的观点认为非正交变换的冗余有利于信息的提取(Rioul et al,1991)。对于模式分类,小波基应该能够表示某一特定模式的类别。基于以上这些原则,并且考虑到航空影像自身的特点,本书采用双正交的 Symlets 小波,它的支撑长度为 $2N-1$(N 表示小波的序号),滤波器的长度为 $2N$,消失矩为 N,具有近似的对称性。

基于小波变换的纹理特征就是对输入的图像进行小波分解,分别提取一尺度的近似分量 LL、水平细节分量 LH、垂直细节分量 HL 和对角线细节分量 HH,并提取它们各自的均值和方差作为纹理特征。

3. 其他纹理特征

在本书的实验中提取的其他特征还有分形维纹理特征和基于马尔可夫随机场的纹理特征等。

(1)分形维纹理特征。

分形维的数学模型和具体计算方法详见郑肇葆等(1996)的参考文献。它的计算公式为

$$\log N(r) = -H\log r + \log N(1) \tag{3-14}$$

$$N(r)=\frac{\overline{n}(r)A}{r^2} \tag{3-15}$$

$$n(r)=\frac{\text{INT}[\max\{f_i\}-\min\{f_i\}]}{r+1} \tag{3-16}$$

式中，log 的底数不同，单位不同；r 为图像上取用正方形的边长；$f_i(i=1,2,3,4)$表示相应 $r\times r$ 正方形角点的灰度值；A 表示采用局部区域的大小，在本书的实验中采用 9×9；$n(r)$表示 $r\times r$ 面积内图像灰度曲面被 r^3 立方体覆盖的个数；$\overline{n}(r)$为在区域 A 内求得$n(r)$的平均数；$N(1)$表示 $r=1$ 时的 $N(r)$；INT[·]表示向下取整。

由上述公式可得

$$H=-\frac{\log\frac{N(r)}{N(1)}}{\log r} \tag{3-17}$$

$$F_m=3-H \tag{3-18}$$

由式(3-17)、式(3-18)两个公式可以求得图像中每个像元的 9×9 局部区域内的分形维。这里需要说明的是平均数$\overline{n}(r)$：在 9×9 窗口中计算时，r 值可取 1、2、3、4、5、6；若对于每一个 r 值在窗口求得图 3-2 中柱形立方体不只一个，即求得 $n(r)$不只一个，则多个 $n(r)$的均值就是$\overline{n}(r)$。如此逐像元的进行计算，即可求得每一个像元的分形维。

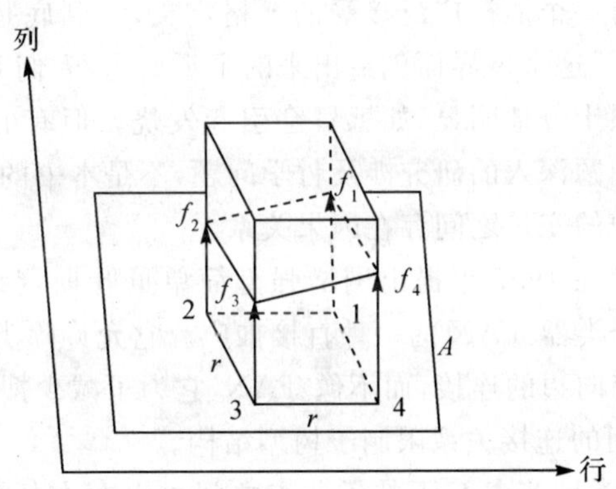

图 3-2　分形维计算示意图

(2)基于马尔可夫随机场的纹理特征。

由于马尔可夫随机场(Markov random field，MRF)是描述自然纹理影像的有力工具，不同的参数反映出不同的纹理特征，因此，可以应用马尔可夫随机场的参数估计理论来提取相应的纹理特征(郑肇葆，2000)。在本书中采用条件马尔可夫(conditional Markov，CM)模型提取二阶马尔可夫随机场参数的 8 个参数。

条件马尔可夫模型中每一个元素是由一组近邻元素、一组系数，以及具有指定特征的一组噪声来表征的。假定 Ω 表示一幅影像，像素 s 的灰度值用 $y(s)$表示，则$\{y(s),s\in\Omega\}$表示该影像灰度观测值的集合。那么,$y(s)$可以用它的近邻像素$y(r)(r\in N)$和噪声$e(s)$的线性组合来表示

$$y(s)=y(r)\sum_{r\in N}\theta_r+e(s) \tag{3-19}$$

式中,θ_r表示与近邻像素r有关的马尔可夫随机场参数。

$y(s)$要求均值为零(若不为零,可以通过化算使它的均值为零)并且遵守条件马尔可夫模型的要求。若将噪声$e(s)$用残差$v(s)$来表示,则上式可以写成误差方程式的形式,即

$$-v(s)=y(r)\sum_{r\in N}\theta_r-y(s) \tag{3-20}$$

按最小二乘法原理,由上式列出法方程式求解,得到马尔可夫随机场参数θ_r的估计值。

此外,在本书的实验中还提取了信息熵、偏度、峰度、灰度值的方差等统计性纹理特征,这些特征计算相对比较简单,具体的计算公式可以参考相关文献(Yu et al,2005;钱乐祥,2004)。

§3.3　算法流程

因果关系还没有一个能被广泛接受的严格定义,它到底是客观世界本身的属性,还是人的意识为了这个世界而创造出来的主观概念,人们对此至今还没有达成共识。有的因果关系十分地明显,如感冒会引起发烧。但有的因果关系却不是那么明显。对于这个问题深入的研究涉及哲学问题,不是本书的研究内容,但是本书假设在贝叶斯网络中的变量之间存在因果关系。

Friedman(1997)在1997年提出网增强型简单贝叶斯网络分类器。BAN,它是树型贝叶斯网络分类器TAN的一种直接推广。它允许除类别节点C之外的节点之间存在任意的有向边的连接,而不像TAN,它为了减少搜索空间,把除类别节点C之外的节点之间的连接关系限制于树型结构。

由于BAN允许类别节点C下的子节点之间可以存在任意的有向边(因果关系),那么假定特征变量的个数为n,则所有可能的拓扑结构就有$3^{(n^2-n)/2}$种。即使再假定一个特征变量之间出现的顺序,所有可能的拓扑结构还有$2^{(n^2-n)/2}$种。显然,在这种情况下对拓扑结构进行穷尽搜索(或遍历)的工作量是巨大的。因此,为了加快收敛的速度,在搜索时引入遗传算法。

对于n个特征变量(节点),如果每两个节点之间存在一条有向边,则共有$(n^2-n)/2$条有向边,而每两个节点之间的有向边有3种状态,即无连接(条件独立)和两个方向互相相反的有向边。由于事先假定特征变量(节点)的顺序,因此连接的方向可以根据特征变量的顺序来确定,从而每两个节点之间的连接状态就只

有两种状态，即无连接和有连接。每两个节点之间的连接状态可以由0或1来表示，所有节点之间的连接状态组成一个二进制的编码串，从而每一种网络连接方式可以看做一个遗传个体。在贝叶斯网络的结构学习中，用 $C_n^2=(n^2-n)/2$ 位二进制编码来表示贝叶斯网络的拓扑结构。个体编码串的每一位就叫做个体的基因，它表示某两个节点之间的连接状态，其中用0表示无连接，用1表示有连接，连接的方向可以根据事先假定的特征变量顺序确定。由多个基因就组合成编码串形式的个体染色体，而由多个个体染色体组成的具有一定群体规模的个体染色体集合称为种群。

表3-1中第一行表示基因位；第二行表示连接节点，即 $t_{i,j}$ 表示节点 i 与节点 j 的连接节点；第三行表示节点 i 与节点 j 的连接状态。在本书中假定特征变量之间的顺序为 X_1、X_2、…、X_n，则 $t_{1,2}=0$ 表示节点 X_1 与节点 X_2 在类别节点 C 已知观测值时条件独立，而 $t_{2,n}=1$ 表示 $X_2 \to X_n$。

表3-1　基因位表示的示意

基因位	1	2	3	…	$n-1$	n	$n+1$	…	$2n-3$	…	$\frac{n^2-n}{2}$
连接节点	$t_{1,2}$	$t_{1,3}$	$t_{1,4}$	…	$t_{1,n}$	$t_{2,3}$	$t_{2,4}$	…	$t_{2,n}$	…	$t_{(n-1),n}$
连接状态	0	1	0	…	1	0	0	…	1	…	1

下面介绍采用基于训练样本的训练精度的结构学习方法（具体的细节见§4.4），并引入遗传算法进行BAN的结构学习，进而利用贝叶斯网络中的因果关系的结构信息进行特征选择。

（1）初始网络结构的产生，即初始种群的产生。

用随机数发生器产生初始种群规模 $m=40$ 个 $0\sim C_n^2$ 之间的整数，并转换成二进制编码的形式，每一个编码串作为初始种群的个体，每个个体代表一种网络结构并包括表3-1所列的基因位，分别记为 S_1、S_2、…、S_m。

（2）适应度函数的设计。

先用训练样本估计出初始种群中的每一个个体（每一种网络结构）下的参数（参数学习），接着把训练样本当做测试样本进行分类，得到训练样本的训练精度，把训练精度当做适应度函数。适应度值较大，个体解码后对应的网络结构也较优。

（3）选择操作。

本书采用非线性排序方法进行选择操作。非线性排序方法是将种群中的每一个个体的适应度值从大到小排序，接着分配选择概率，其公式为

$$P_i=\begin{cases}q(1-q)^{i-1}, & i=1,2,\cdots,m\\(1-q)^{m-1}, & i=m\end{cases} \tag{3-21}$$

式中,q 是一个常数,表示最优个体的选择概率,在本章的实验中设 $q=0.5$。

有了选择概率 P_i 就可以根据这个选择概率用轮盘赌的方式进行选择,从而产生用于后续繁殖的个体 S'_1、S'_2、…、S'_m。轮盘赌的基本原则是个体分配的选择概率越大,它被选择到的概率也就越大,其相应的基因结构被遗传到下一代的概率也就越大。

(4)交叉操作。

经过选择操作后淘汰种群中一部分适应度较差的个体,同时也减少种群中的多样性。为了从现有的种群个体中搜索出更好的基因组合,在 S'_1、S'_2、…、S'_m 中根据设定的交叉概率 P_c 每次选取两个个体进行交叉操作,生成新一代种群 S''_1、S''_2、…S''_m。由于不同的编码方式有不同的交叉方式,在本章的实验中采取单点交叉的方式,并设定 $P_c=0.8$。

(5)变异操作。

变异操作是为了恢复选择操作后损失的种群多样性,根据一定的变异概率 P_d,选出待变异的个体,然后通过随机选择变异基因位,对该基因位进行变异,从而形成新一代种群 S'''_1、S'''_2、…、S'''_m。在本章的实验中采取单点变异操作的方式,并设定 $P_d=0.3$。

(6)终止条件。

判断是否满足收敛条件,若不满足,则以新的群体 S'''_1、S'''_2、…、S'''_m 作为 S_1、S_2、…、S_m,转到步骤(3);否则,转到步骤(7)。在本书中的收敛条件设为连续两代种群中个体的最大适应度值保持不变。

(7)解码。

将最后一代种群中适应度最大的个体作为最优结果,并将其解码,即得到较优贝叶斯网络的拓扑结构。

(8)基于贝叶斯网络的特征选择。

通过基于训练样本的训练精度和遗传算法相结合的结构学习方法,构建贝叶斯网络,并利用节点之间的因果关系信息,选择(或保留)那些无父节点(除类别节点 C 以外)的节点(特征)作为特征选择的结果,或者说选择那些只有类别节点 C 作为父节点的节点作为特征选择的结果,并把选择的特征视为相互独立。选择后的特征集 Features 用数学的语言可以描述为

$$\text{Features}=\{X_i \mid \pi(X_i)=C, i=1,2,\cdots,n\} \tag{3-22}$$

(9)分类测试。

根据训练样本对经过特征选择后的贝叶斯网络进行参数学习,最后对测试样本进行测试,并统计总的分类精度。

基于贝叶斯网络和遗传算法相结合的特征选择算法的流程图如图 3-3 所示。

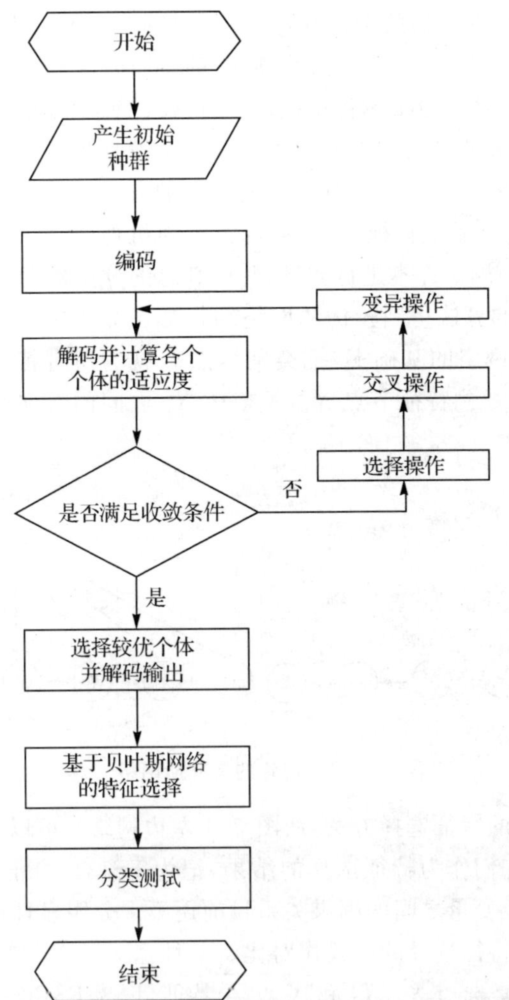

图 3-3　基于贝叶斯网络和遗传算法的特征选择流程图

§3.4　实验与分析

为了验证本章所提出方法的有效性，并进一步了解贝叶斯网络中因果关系在特征选择中的作用，本章对航空影像的纹理特征选择进行了实验。利用节点之间的因果关系信息进行特征选择后，选取代表待分类模式的最优特征子集，并把它们视为相互独立的特征，然后利用贝叶斯网络分类器对航空影像进行纹理分类实验。

实验中选取了澳大利亚某个地区的 6 幅 23 cm×23 cm 的黑白航空影像和 10 幅武汉地区的 23 cm×23 cm 的黑白航空影像。根据野外调绘的结果，对这 16 幅大的航空影像人工分割为小块的465幅小图像，并将它们分成3类，即居民地(167幅)、农田(144幅)和河流(154幅)，其中最小的为16像素×16像素，最大的为40像素×40像素。从待分类影像中提取7种纹理特征：偏度X_1、信息熵X_2和灰度共生矩阵中的逆差矩X_3，图像经过Symlets小波变换后，分别提取一尺度的近似分量LL中的均值X_4、水平细节分量LH中的方差X_5和垂直细节分量HL中的方差X_6，再加上分形维特征X_7。从每类中随机地选择50个样本作为训练样本，剩余的影像作为测试样本进行测试，并计算总的分类精度。

通过§4.4节的算法得到较优的网络结构如图3-4中左边所示，而图3-4中右边所示是在左边网络的基础上，把类别节点C视为所有特征节点的父节点，从而增加从类别节点C到特征节点X_1、X_2、…、X_7之间的有向边，构建完整的贝叶斯网络。

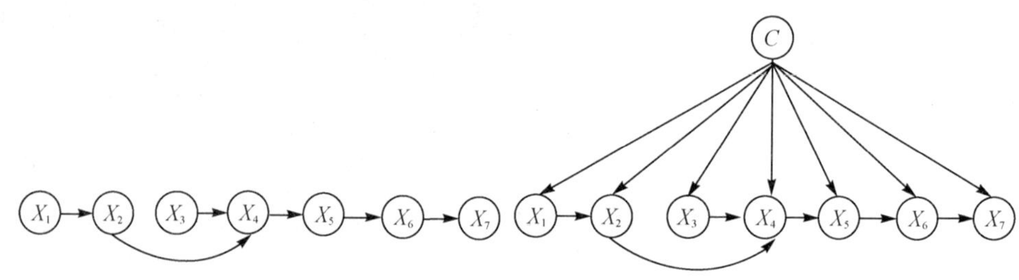

图3-4　构建的贝叶斯网络

按照本章提出的特征选择方法，从图3-4左边网络中可以看到X_1与X_3两个无父节点，所以把它们作为特征选择的结果，记为FS13。由于把贝叶斯网络应用于影像分类时，特征变量之间的因果关系目前还不十分明显，因此在本书的实验中还考虑了其他两种特征选择的方式作对比。一种是选择X_1和X_7两个特征，并记为FS17；另外一种是选择X_1、X_3和X_7三个特征，记为FS137。经过特征选择后，把选择的特征视为相互独立，再利用贝叶斯网络分类器对测试样本进行测试，实验结果见图3-5、表3-2和表3-3，并得出以下结论。

(1)贝叶斯网络中特征(节点)之间的关系不能简单地用相关系数来衡量。

根据训练样本，可以计算出特征变量之间的相关系数矩阵，见表3-2。从表中可以看到节点X_5与其他节点的相关系数很小，几乎为零。由于相关系数只能刻画特征变量之间线性相关的程度，因而无法刻画非线性相关程度。然而通过构建贝叶斯网络，节点之间的关系描述特征之间的因果关系，明显不同于特征之间的线性相关程度，这种内在的因果关系有助于人们更加深入地了解特征之间的物理含义，为语义信息的提取奠定了一定的基础，而且可以更加深入地理解分类器内在的一些意义。

表 3-2　特征(节点)之间的相关系数矩阵

特征	X_1	X_2	X_3	X_4	X_5	X_6	X_7
X_1	1.000	−0.026	−0.128	0.800	0.032	0.804	0.781
X_2	−0.026	1.000	0.481	−0.160	−0.014	−0.159	−0.163
X_3	−0.128	0.481	1.000	−0.213	0.003	−0.215	−0.222
X_4	0.800	−0.160	−0.214	1.000	−0.005	0.892	0.890
X_5	0.032	−0.014	0.003	−0.005	1.000	0.039	0.016
X_6	0.804	−0.159	−0.215	0.892	0.039	1.000	0.892
X_7	0.781	−0.163	−0.222	0.890	0.016	0.892	1.000

(2)本章提出的特征选择方法是可行的、有效的，明显优于没有经过特征选择的简单贝叶斯网络分类器方法，同时也略优于经典的基于主分量变换(principal component analysis，PCA)的特征提取方法，但总的分类精度的波动稍大一些。

由于主分量变换是特征提取与选择中常用的经典算法，在本章实验中采用主分量变换算法进行特征提取，与本章所提出的特征选择算法进行比较，实验结果见表 3-3。

表 3-3　不同方法在总的分类精度方面的比较

N	FS13	FS17	FS137	PCA2	PCA3	PCA7	NBC
10	0.756 9	0.810 8	0.843 0	0.767 7	0.840 9	0.615 1	0.582 8
15	0.858 1	0.868 8	0.877 4	0.597 9	0.843 0	0.533 3	0.645 5
20	0.864 5	0.855 9	0.875 3	0.660 2	0.860 2	0.593 6	0.750 5
25	0.845 2	0.864 5	0.877 4	0.860 2	0.845 2	0.636 6	0.664 5
30	0.883 9	0.871 0	0.879 6	0.871 0	0.840 9	0.651 6	0.664 5
35	0.877 4	0.871 0	0.881 7	0.866 7	0.843 0	0.649 5	0.662 4
40	0.875 3	0.871 0	0.875 3	0.808 6	0.858 1	0.651 6	0.675 3
45	0.883 9	0.864 5	0.877 4	0.875 3	0.860 2	0.666 7	0.671 0
50	0.888 2	0.860 2	0.875 3	0.864 5	0.860 2	0.658 1	0.671 0
μ	0.879 1	0.868 5	0.877 6	0.857 9	0.850 2	0.655 1	0.668 9
σ	0.012	0.004	0.002	0.023	0.007	0.007	0.004

在表 3-3 中，第一列 N 表示从每一类中选取训练样本的数量。第一行表示不同的特征选择方法，其中 PCA2、PCA3 和 PCA7 分别表示取经过主分量变换后的前 2、3 和 7 个主分量作为特征选择的结果，而简单贝叶斯网络分类器(NBC)是没有经过特征选择，而是直接采用原始特征集进行分类。最后两行分别表示同一种方法在不同训练样本的情况下获得分类精度的均值 μ 和标准方差 σ(波动大小)。从表 3-3 中可以看到本章提出的方法 FS13 比 PCA3 分类精度平均提高 3%左右，而比没有经过特征选择的简单贝叶斯网络分类器有了明显的提高，但本章提出的方法在总的分类精度方面波动稍大一些，有可能是所选择的特征个数较少的原因。

(3)本章提出的特征选择方法 F13 也略优于其他两种特征选择方式,即 F17 和 F137。

为了更加形象直观地反映三种不同特征选择方式在分类精度方面的差异,把表 3-3 中的部分数据绘制成图 3-5 的形式。在图 3-5 中,横坐标表示从每一类中选取训练样本的数量,纵坐标表示相应的总的分类精度。从图中可以看到当训练样本的数量多于 28 时,总的分类精度波动相对较小,趋于稳定,而且 F13 的方法略优于 FS17,而 FS137 的分类精度在它们两者之间。

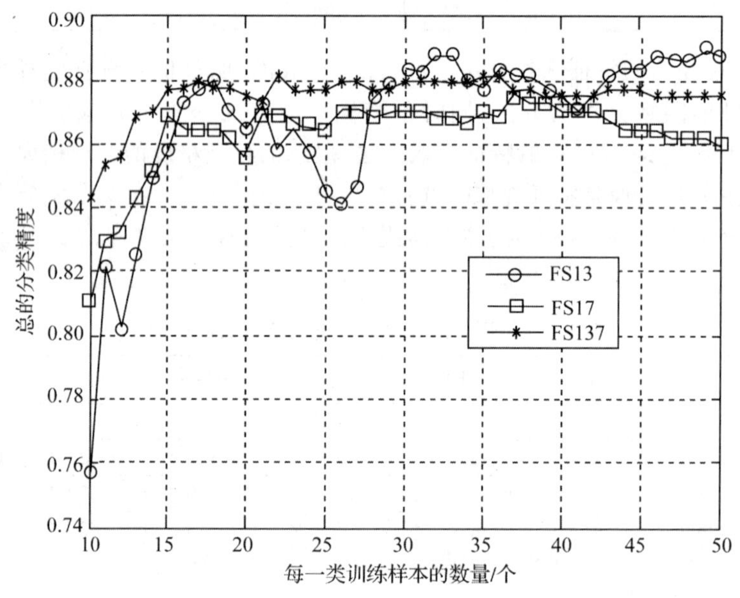

图 3-5 三种不同特征选择方式的比较

本章在进行特征选择的探索道路中另辟蹊径,利用贝叶斯网络中节点之间的因果关系信息进行特征选择,在构建贝叶斯网络的过程中引入遗传算法加快收敛速度。实验与分析表明,该方法是可行的、有效的,并略优于经典的基于主分量变换的特征提取算法。然而,如何更快地构建最优的贝叶斯网络,以及如何更好地利用贝叶斯网络中的因果关系信息等,这些问题都是将来需要进一步深入探索和研究的问题。

§3.5 本章小结

本章在回顾特征提取与选择的历史,并在分析、归纳和总结现有特征提取与选择算法的基础上,提出利用贝叶斯网络进行特征选择的方法。本章提出的方法不同于传统的特征选择方法,因为绝大多数传统的特征选择方法只是把特征选择作为数学上的一个组合优化问题来处理，而往往忽略了特征之间内在的物理含义，这也是特征的本质所在，或者说这是特征与特征之间的区别和联系。

该方法通过训练样本构建与之“吻合”较好的贝叶斯网络，而在贝叶斯网络中的有向边可以理解为节点(特征)之间的因果关系，利用这种特征(节点)之间的内在物理含义(因果关系)来作为特征选择的依据，选择那些“最原始的”原因节点(父节点)作为特征选择的结果，也即选择只有类别节点作为父节点的那些节点，这就是本章所提出特征选择方法的基本思想。在实验中为了提高算法的效率，在算法中还引入了遗传算法，从而加快了构建贝叶斯网络的速度。实验与分析表明，该方法是可行的、有效的，并略优于经典的基于主分量变换的特征提取算法。

第 4 章　基于贝叶斯网络的航空影像纹理分类

贝叶斯网络是用来表示随机变量之间的连接概率的图形模式，它提供了一种自然的表示因果关系的方法，可以用来发现数据间的潜在关系。到目前为止，贝叶斯网络已经被广泛的研究，并在许多领域发挥了一定的作用。本章主要讨论贝叶斯网络在航空影像纹理分类中的应用研究，在分析经典的最大似然法和简单贝叶斯网络分类器的基础上，采用三种适合于航空影像纹理分类的连续型贝叶斯网络的方法进行了相应的实验与分析。

最大似然法是目前公认的一种经典、有效的监督分类方法，在所有的遥感商业软件中都有这个算法。而影像纹理分类是从 20 世纪 70 年代才发展起来的一种方法。三十多年来，纹理分类一直是影像分类中一个相当活跃的领域。目前，能够提取的纹理特征也逐渐增多，因而表现不同地物类别的能力也“水涨船高”。与此同时，也产生了大量的冗余信息，进而大大地增加计算工作量。随着特征维数的增加，最大似然法的性能却表现得越来越“糟糕”。一方面，由于特征维数的急剧增加后，训练样本的数量并没有相应的增加，使得训练样本的数量相对特征的维数表现得不充足，这在一定程度上影响了参数估计的精度。另一方面，高维数据在空间的几何分布和统计分布的许多特征与人们印象中的低维空间中的情形有着许多差异。高维数据在空间中分布比较稀疏，而且主要分布在空间的外部和角部，从而导致用最大似然法对高维数据进行操作很难取得满意的分类结果。此外，还有一个重要的方面，即特征维数的急剧增加也导致了特征之间的相关性大大增加，大量的冗余信息随之产生，并使得样本协方差矩阵的行列式几乎趋于零，即样本协方差矩阵接近于奇异。

通常情况下，解决高维问题的方法是通过某种数学变换把高维问题变为低维问题。传统的方法主要是线性方法，其中最著名和应用最广泛的就是主分量分析，有时也称为主成分分析。然而，主分量分析是一种线性变换，主要揭示了数据的全局线性分布结构，而且降维的同时必定损失了原始数据中的一些有用信息，很可能恰恰就是这一小部分有用的信息可以帮助正确识别那些先前不能正确识别的地物。因此，可以考虑另外一种把高维问题变换为低维问题的数学方法——分解，即根据一定的准则，把高维空间分解为一些维数较低的子空间，这样既可以保留原始数据的信息量，同时又达到降维和减少计算工作量的目的。

本章将利用贝叶斯网络中条件独立的性质对联合概率进行分解，达到既保持原始特征之间的相关性，又降低特征空间的维数而且大大减少计算工作量的目的。

由于在航空影像纹理分类中所提取的特征都是连续的，所以本书在假设随机特征向量服从多元正态分布的条件下，引用三种适用于航空影像纹理分类的连续型贝叶斯网络方法，从而研究连续型贝叶斯网络在航空影像纹理分类中的应用，以期可以进一步改善航空影像纹理分类的精度。

§4.1　简单贝叶斯网络的分类方法

在贝叶斯网络家族中，最简单的模型是所谓的简单贝叶斯网络分类器（naive Bayesian networks classifiers, NBC）。该模型假设各特征变量或节点（X_1、X_2、…、X_n）相对于类别节点 C 是条件独立的，因而它不需要结构学习，只要根据训练样本估计出模型中特征变量的参数即可，所以简单贝叶斯网络分类器的计算相对简单，而且受到广泛的重视，并成功地应用于分类、聚类及模型选择等数据挖掘中（Yu et al，2006）。下面介绍简单贝叶斯网络分类器在航空影像纹理分类中的具体应用。

简单贝叶斯网络分类器是一个带有概率注释的有向无环图（在图 4-1 中，用节点表示变量），对于一组变量 $X=\{X_1,X_2,\cdots,X_n,C\}$（$C$ 为类别变量，其余的为特征变量）可用二元组 $B=\langle G,\Theta\rangle$ 来描述简单贝叶斯网络分类器。G 表示 X 中变量的条件独立的网络结构，即有向无环图；Θ 表示与每一个变量有关的局部概率分布集合，即 $\Theta=\{P(X_i|\pi(X_i))\}$，其中 X_i 是 G 中的节点，$\pi(X_i)$ 代表节点的父节点集合，如 $\pi(X_1)=\{C\}$ 表示 C 是 X_1 的父节点。

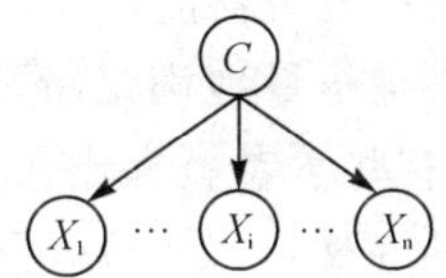

图 4-1　简单贝叶斯网络分类器

图 4-1 表示在分类中应用的例子，变量 X_1、…、X_n 为从某一分类单元中提取的特征，n 为特征的个数，C 为类别变量。从图 4-1 中可以得到 $\pi(C)=\varnothing$ 和 $\pi(X_i)=C$，其中 $1\leqslant i\leqslant n$。由于 X_1、…、X_n 相对于类别节点 C 是条件独立的，根据贝叶斯网络的定义，则图 4-1 中所有节点的联合概率的计算公式（Friedman et al，1997）为

$$P(X_1,\cdots,X_n,C)=P(C)\prod_{i=1}^{n}P(X_i\mid C) \tag{4-1}$$

然后，依据条件概率的定义（James，1992）有

$$P(C\mid X_1,\cdots,X_n)=\frac{P(X_1,\cdots,X_n\mid C)P(C)}{P(X_1,\cdots,X_n)}=P(C)\prod_{i=1}^{n}\frac{P(X_i\mid C)}{P(X_i)} \tag{4-2}$$

式中，$P(C)$ 与 $P(X_i)$ 分别表示第 C 类与特征 X_i 出现的先验概率；而条件概率

$P(C \mid X_1, \cdots, X_n)$ 表示在特征 X_1、X_2、…、X_n 出现条件下第 C 类出现的概率，也称为类 C 的后验概率；同样，$P(X_i \mid C)$ 表示在第 C 类出现的条件下特征 X_i 出现的概率；而 $P(X_1, \cdots, X_n, C)$ 表示 X_1、X_2、…、X_n、C 同时出现的联合概率。式(4-2)提供了由类 C 的先验概率和样本信息计算第 C 类的后验概率的简单计算方法。从式(4-2)中，可以发现如果估计出 $P(C)$ 和 $P(X_i \mid C)$，而 $\prod_{i=1}^{n} P(X_i)$ 是一个起归一化作用的常量，这样便可得到 $P(C \mid X_1, \cdots, X_n)$。由于正态分布是最简单的一种分布，也是自然界最常见的一种分布，所以通常假设特征服从一元正态分布，即 $X_i \sim N(\mu_i, \sigma_i)$，则 $P(X_i \mid C)$ 的计算公式为

$$P(X_i \mid C) = \frac{1}{\sqrt{2\pi}\sigma_i} e^{-\frac{(X_i - \mu_i)^2}{2\sigma_i^2}}$$

特征的正态假设可以通过假设检验来进行验证(Yu et al, 2005)，如果特征变量不满足正态性，那么可以考虑对特征变量进行某种适当的变换(王学仁 等, 1990)，使非正态数据变为更“接近正态”。当然，正态性也不是必须的、“万能”的，如果不顾正态性检验的结果而继续将数据当成正态性数据来处理，这样的做法往往会导致错误的结论。

简单贝叶斯网络分类器实质上把所有的特征变量看做相对独立的，这显然不符合对客观世界的真实描述。然而大量的研究和实践表明，即使在这种独立性假设的条件下，它仍能表现出相当的稳健性(Friedman et al, 1997)。

为了充分发挥简单贝叶斯网络分类器的性能，人们提出了许多改进方法，概括起来主要思路有两条。一条思路是尽量地满足特征之间的条件独立性，减少特征之间条件独立假设的负面影响，有些学者就提出了选择性简单贝叶斯网络分类器(Singh et al, 1995)、PCA-NBC(Yu et al, 2005)等方法。另一条思路是松弛或放宽特征之间的条件独立假设条件，从而更好地描述特征之间的依赖关系以进一步提高分类器的性能；这方面也提出了许多改进的方法，如半简单贝叶斯网络分类器(Kononenko, 1991)、TAN 分类器(虞欣 等, 2007)和 BAN 分类器(Pernkopf, 2005)等。由此看来，采用合适的方式和有效的机制来表示和操纵特征之间的条件独立性问题，是提高简单贝叶斯网络分类器性能最直观的解决办法。本章将分别从上述两条思路出发，在多元正态分布假设条件下，引用多级贝叶斯网络、带有隐藏节点的贝叶斯网络(Bayesian networks with hidden modes, HBN)和树型贝叶斯网络进行航空影像纹理分类，并进行相应的实验与分析。其中，多级贝叶斯网络考虑了特征之间的弱相关情况，从而可以比简单贝叶斯网络更好地刻画现实世界。此外，在简单贝叶斯网络中引入一些隐藏节点“替代”原先的那些节点，可以使得原先强相关的节点变得弱相关(隐藏节点之间)，从而可以满足节点之间相互独立的假设条件。但这两种改进方法并没有从根本上克服节点(特征)之间强相关带来的

缺陷，而树型贝叶斯网络放宽或松弛节点之间“天真独立”的假设条件，允许节点与节点之间存在有向边，较好地顾及了特征之间强相关的情况，因此树型贝叶斯网络具有更好的应用前景和普适性。

§4.2　多级贝叶斯网络的分类方法

世界的普遍联系已经被现代科学所证实。世界上任何一个事物与其他事物处于相互联系中。同样地，特征之间也是相互联系的。如果人们把它们一个个地孤立起来，把它们都“强制”地看做相互独立的事物，势必影响到最后的分类结果。因此，本节在研究上一节简单贝叶斯网络分类器模型的基础上，将它进一步推广为多级贝叶斯网络，来弥补简单贝叶斯网络分类器中“天真独立”假设的不足，并与原始的简单贝叶斯网络分类器和最大似然法进行了比较。实验与分析表明：多级贝叶斯网络分类器在总的分类精度方面一般高于原始的简单贝叶斯网络分类器和最大似然法，这是因为多级贝叶斯网络分类器综合考虑了特征之间的条件依赖关系，也即相关性。

4.2.1　数学模型

多级贝叶斯网络考虑到在实际应用中往往提取的特征之间并非都是（相对于类别属性）条件独立的，即存在一定的相关性。然而，简单贝叶斯网络分类器要求根节点下的变量（或子节点）条件独立，如果变量之间不是条件独立，则分类的结果必然要差一些。因此，有必要对特征变量进行相关性分析，并将特征变量分成几组，使每一组内的特征变量保持条件独立（或使相关性保持在某个阈值之内）；这样一组变量对应一个节点，多组变量对应着多个节点，从而形成了多级贝叶斯网络。这种情况考虑了特征之间的条件依赖关系（即相关性），比简单贝叶斯网络分类器模型更好地描述了现实世界（虞欣 等，2008）。

从特征空间划分的角度可对后验概率的计算公式（即 §4.1 小节中的式(4-2)）进行推广，使它具有更好的广泛性和实用性。在此先重述一下概率论中的一个重要定理。

定理　设试验 E 的样本空间为 S，A 为 E 的事件，B_1、…、B_n 为 S 的一个划分，且 $P(B_i)>0(i=1,2,\cdots,n)$，则

$$P(A)=P(A|B_1)P(B_1)+P(A|B_2)P(B_2)+\cdots+P(A|B_n)P(B_n)$$

同理，从上述定理的角度，根据一定的准则可以把特征空间做一个划分，把特征空间 $\boldsymbol{F}$ 划分为统计性纹理特征子空间 $\boldsymbol{S}$ 和结构性纹理特征子空间 $\boldsymbol{M}$，即把 $\boldsymbol{C}_i$ 划分为 $\boldsymbol{D}_{Si}$ 和 $\boldsymbol{D}_{Mi}$，相应地把 $\boldsymbol{X}$ 划分为 $\boldsymbol{F}_S$ 和 $\boldsymbol{F}_M$（$\boldsymbol{X}$ 为从待分类单元中提取的所有特征组成的向量）。其数学形式分别为

$$\boldsymbol{C}_i = [\boldsymbol{D}_{Si} \quad \boldsymbol{D}_{Mi}] \tag{4-3}$$

$$\boldsymbol{X} = [\boldsymbol{F}_S \quad \boldsymbol{F}_M] \tag{4-4}$$

根据贝叶斯法则有

$$P(\boldsymbol{C}_i | \boldsymbol{X}) = \alpha P(\boldsymbol{X} | \boldsymbol{C}_i) P(\boldsymbol{C}_i) \tag{4-5}$$

式中，α 为归一化的常数，在后面的推导中将 α 视为 1 处理。把式(4-3)和式(4-4)代入式(4-5)的右边得

$$P(\boldsymbol{C}_i | \boldsymbol{X}) = P([\boldsymbol{F}_S \quad \boldsymbol{F}_M] | [\boldsymbol{D}_{Si} \quad \boldsymbol{D}_{Mi}]) P([\boldsymbol{D}_{Si} \quad \boldsymbol{D}_{Mi}]) \tag{4-6}$$

由于统计性纹理特征子空间 $\boldsymbol{S}$ 和结构性纹理特征子空间 $\boldsymbol{M}$ 是特征空间 $\boldsymbol{F}$ 的一种划分，因此由前述定理和式(4-6)可得

$$P(\boldsymbol{C}_i | \boldsymbol{X}) = P([\boldsymbol{F}_S \quad \boldsymbol{F}_M] | \boldsymbol{D}_{Si}) P([\boldsymbol{D}_{Si} \quad \boldsymbol{D}_{Mi}]) + P([\boldsymbol{F}_S \quad \boldsymbol{F}_M] | \boldsymbol{D}_{Mi}) P([\boldsymbol{D}_{Si} \quad \boldsymbol{D}_{Mi}]) \tag{4-7}$$

又因为 $\boldsymbol{D}_{Si}$ 和 $\boldsymbol{F}_S$ 分别与 $\boldsymbol{D}_{Mi}$ 和 $\boldsymbol{F}_M$ 是相互独立的，所以展开式(4-7)的右边部分有一些项等于零，因此该式可以简化为

$$P(\boldsymbol{C}_i | \boldsymbol{X}) = P(\boldsymbol{F}_S | \boldsymbol{D}_{Si}) P(\boldsymbol{D}_{Si}) + P(\boldsymbol{F}_M | \boldsymbol{D}_{Mi}) P(\boldsymbol{D}_{Mi}) \tag{4-8}$$

上述的推导仅仅是将特征空间划分为两个互不相交的特征子空间。如果把特征空间划分为更多的互不相交的特征子空间，则可以进一步推广后验概率的计算公式，从而可以更好地描述特征之间的依赖关系。比如，当把特征空间划分为三个特征子空间时，同理可得，当 $\boldsymbol{C}_i = [\boldsymbol{D}_1 \quad \boldsymbol{D}_2 \quad \boldsymbol{D}_3]$，$\boldsymbol{X} = [\boldsymbol{F}_1 \quad \boldsymbol{F}_2 \quad \boldsymbol{F}_3]$时有

$$P(\boldsymbol{C}_i | \boldsymbol{X}) = P(\boldsymbol{F}_1 | \boldsymbol{D}_1) P(\boldsymbol{D}_1) + P(\boldsymbol{F}_2 | \boldsymbol{D}_2) P(\boldsymbol{D}_2) + P(\boldsymbol{F}_3 | \boldsymbol{D}_3) P(\boldsymbol{D}_3) \tag{4-9}$$

依次类推，当把特征空间划分为 n 个特征子空间时，式(4-9)可以进一步推广，即当 $\boldsymbol{C}_i = [\boldsymbol{D}_1 \quad \boldsymbol{D}_2 \quad \cdots \quad \boldsymbol{D}_n]$，$\boldsymbol{X} = [\boldsymbol{F}_1 \quad \boldsymbol{F}_2 \quad \cdots \quad \boldsymbol{F}_n]$时有

$$P(\boldsymbol{C}_i | \boldsymbol{X}) = P(\boldsymbol{F}_1 | \boldsymbol{D}_1) P(\boldsymbol{D}_1) + P(\boldsymbol{F}_2 | \boldsymbol{D}_2) P(\boldsymbol{D}_2) + \cdots + P(\boldsymbol{F}_n | \boldsymbol{D}_n) P(\boldsymbol{D}_n) \tag{4-10}$$

也即

$$P(\boldsymbol{C}_i \mid \boldsymbol{X}) = \sum_{i=1}^{n} P(\boldsymbol{F}_i \mid \boldsymbol{D}_i) P(\boldsymbol{D}_i) \tag{4-11}$$

Huang 等(2003)经过一番假设，从另外一个角度，推导出了与式(4-8)同样的后验概率计算公式，有兴趣的读者可以参考相关文献。

此外，从特征空间划分这个角度，可以把最大似然法和贝叶斯网络组合在一个数学模型当中。

(1)当 $n=1$ 时，贝叶斯网络的数学模型为最大似然法的数学模型，即

$$P(\boldsymbol{C}_i | \boldsymbol{X}) = P(\boldsymbol{X} | \boldsymbol{C}_i) P(\boldsymbol{C}_i) \tag{4-12}$$

(2)当 n 为大于 1 的整数时，贝叶斯网络的数学模型即为式(4-11)。

根据 n(即特征子空间的个数)的不同，在本节中把贝叶斯网络又称为多级(或 n 级)贝叶斯网络。

图 4-2 为 2 级贝叶斯网络的示意图。它的数学模型可以用式(4-8)来表示。如果假设所提取的特征向量服从多维正态分布,则

$$P(\boldsymbol{F}_i \mid \boldsymbol{D}_i) = \frac{1}{(2\pi)^{\frac{d}{2}}(\mid \boldsymbol{\Sigma}_i \mid)^{\frac{1}{2}}} \mathrm{e}^{-\frac{1}{2}(\boldsymbol{F}_i-\boldsymbol{\mu}_i)^{\mathrm{T}}\boldsymbol{\Sigma}_i^{-1}(\boldsymbol{F}_i-\boldsymbol{\mu}_i)} \tag{4-13}$$

式中,i=1、2 分别表示被划分的特征子空间;$\boldsymbol{\mu}_i$ 与 $\boldsymbol{\Sigma}_i$ 依次为从训练样本提取特征子空间中的样本均值向量和样本协方差矩阵;d 为特征子空间中特征向量的维数;$\boldsymbol{F}_i$ 为从待分类单元提取的特征向量。

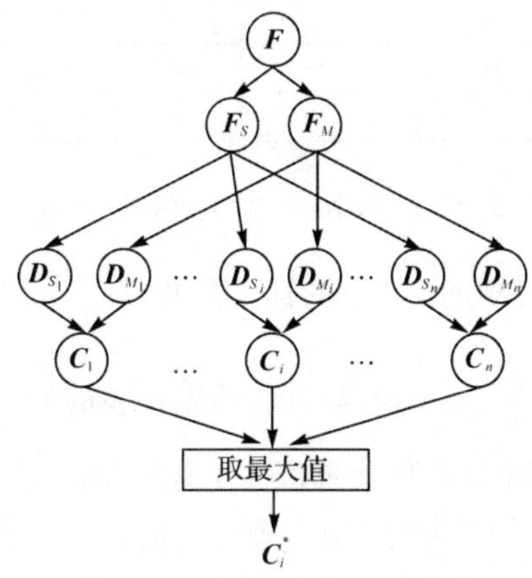

图 4-2　2 级贝叶斯网络示意图

相关文献(虞欣 等,2006)已经讨论了 2 级贝叶斯网络的情况。然而一个新的问题就会自然而然地随之产生,即多级贝叶斯网络的分类精度是否还能进一步提高。在 4.2.2 中将通过实验回答这一问题。

4.2.2　影像分类精度的评价方法

影像分类精度的评价是一个越来越受到关注的领域。影像分类精度的评价通常是用自动分类的结果(分类数据)与参考数据(也称为地面实测数据或图件,即从野外调绘的实际情况确定影像上的地物类别)进行比较,以正确分类的百分比来表示分类精度。从理论上来说,影像分类精度的评价方法可以分为非位置精度评价和位置精度评价。非位置精度以一个简单的数值,如面积、像素的数目等表示分类精度。由于未考虑位置因素的影响,类别之间的错分结果彼此平衡,在一定程度上抵消了分类误差,使得分类精度偏高(钱乐祥,2004)。

位置精度评价是将分类的类别与其所在的空间位置进行统一检查,一种最普遍的方法是采用混淆矩阵(有时称为误差矩阵或列联表)的形式,这也是目前公认的一种用来表示分类精度评价的标准方法(Lillesand et al,2003)。混淆矩阵是一

个方阵，它的行与列的数目相等，并且等于分类的类别数目 n，见表 4-1。

表 4-1 混淆矩阵

分类数据	参考数据				每行总数	用户精度
	1	2	…	n		
1	m_{11}	m_{12}	…	m_{1n}	m_{1+}	P_{1+}
2	m_{21}	m_{22}	…	m_{2n}	m_{2+}	P_{2+}
⋮	⋮	⋮	⋱	⋮	⋮	⋮
n	m_{n1}	m_{n2}	…	m_{nn}	m_{n+}	P_{n+}
每列总数	m_{+1}	m_{+2}	…	m_{+n}	m	—
生产者精度	P_{+1}	P_{+2}	…	P_{+n}	—	P_c

上表中 m_{ij} 表示分类数据为第 i 类且参考数据为第 j 类的样本个数；$m_{i+}=\sum_{j=1}^{n}m_{ij}$ 为分类所得到的第 i 类的样本总和，$m_{+j}=\sum_{i=1}^{n}m_{ij}$ 为参考数据中第 j 类的样本总和；$m=\sum_{i=1}^{n}\sum_{j=1}^{n}m_{ij}$ 为参与分类精度检验的所有样本的总和。

从混淆矩阵中，可以比较方便地获得关于分类精度的一些指标。例如：总的分类精度 P_c（有时也简称为分类精度）由正确分类的总的样本个数（即沿着混淆矩阵主对角线上元素的和）除以所包含的总的样本个数（即混淆矩阵中所有元素的和）来计算，即

$$P_c=\frac{\sum_{i=1}^{n}m_{ii}}{m}$$

同样地，单个类别的精度可以由生产者精度和用户精度来衡量。将每一类中正确分类的样本个数除以该类用做测试样区的样本个数，这个精度称为生产者精度。它的意义表示在地面实测的数据中的任意一个随机样本，其与分类图上同一地点的分类结果相一致的概率。对于第 j 类生产者精度的计算公式为

$$P_{+j}=\frac{m_{ii}}{m_{+j}}$$

此外，用户精度由每一类别被正确分类的样本个数除以被分做该类的总的样本个数来计算。它的意义表示从分类结果中任取一个随机样本，其所具有的类型与地面所对应区域的实际类型相一致的概率。对于第 i 类用户精度的计算公式为

$$P_{i+}=\frac{m_{ii}}{m_{i+}}$$

除了上述描述性的精度度量方法以外，在混淆矩阵基础上还可以应用其他统计分析方法进行刻画，Kappa 系数（Lillesand et al，2003；钱乐祥，2004）等。

4.2.3　实验与分析

为了实验的需要，本小节在实验中对每一个分类数据提取了 26 个纹理特征。大致可分为以下 4 类。

(1)采用了灰度共生矩阵的 5 种统计性特征，即角二阶矩、对比度、相关、熵和逆差矩。

(2)对输入影像进行小波(Symlets 小波)分解，分别提取一尺度的近似分量 LL、水平细节分量 LH、垂直细节分量 HL 和对角线细节分量 HH，分别提取它们各自的均值和方差，从而得到小波分解的 8 个结构性特征。

(3)由于马尔可夫随机场是描述自然纹理影像的有力工具，不同的参数反映出不同的纹理特征，因此可应用马尔可夫随机场的参数估计理论来提取相应的特征。在实验中采用条件马尔可夫(conditional Markov，CM)模型，提取了二阶马尔可夫随机场的 8 个参数。

(4)提取了分形维、信息熵，以及图像灰度的方差、偏度、峰度共 5 个统计性特征。

为了将 n 级贝叶斯网络应用于航空影像的纹理分类中，总结其具体的分类步骤如下。

(1)在采集的样本中，从每类中分别随机地选取一定数量的训练样本。

(2)对所采集的样本提取相应的上述 26 个特征组成特征向量 $\boldsymbol{X}$，即为式(4-11)中的 $\boldsymbol{X}$。

(3)计算出特征间的相关系数矩阵 $\boldsymbol{R}$，根据 $\boldsymbol{R}$ 对大于某个经验值 Δ(Δ 一般取 [0.3，0.5]，过大或过小都会不同程度地影响分类的精度)的相关系数 r_{ij} 相对应的两个特征(i 和 j)进行分裂(或划分)，直到被划分后的特征子空间中特征间的所有相关系数值都小于预先设定的经验值 Δ。如果 r_{ij} 大于 Δ，则把特征 i 与特征 j 分别置于不同的特征子空间，而不能同时把它们置于同一个特征子空间中，从而可以保证重新被划分的特征子空间内的特征与特征之间几乎两两相互独立——这便是对特征空间进行划分的原则(虞欣 等，2006)。根据上述的方法，便可以得到满足划分原则的不同特征子空间，从而可以确定特征子空间的个数 n。因此，依据该算法可以得到式(4-11)中的 $\boldsymbol{F}_i$ 和 $\boldsymbol{D}_i$，并使得特征间的相关系数 Δ 控制在[0.3，0.5]，从而根据划分得到的特征子空间的个数确定 n 的大小。不同的 n 值对应着不同的特征空间划分和不同级数的贝叶斯网络，在实验中 n 取[1，7]的整数。

(4)对训练样本进行学习，利用训练样本集估计出式(4-11)中 $P(\boldsymbol{D}_i)$ 和式(4-13)中的 $\boldsymbol{\mu}_i$ 和 $\boldsymbol{\Sigma}_i$，即每一类中相应的数字特征。

(5)根据式(4-11)，计算出后验概率 $P(\boldsymbol{C}_i|\boldsymbol{X})$。

(6)以后验概率最大原则对待分类单元进行判别，即为 $\max\limits_{i}\{P(\boldsymbol{C}_i|\boldsymbol{X})\}$。

(7)对 $n=1,\cdots,7$ 的每一种情况下的分类结果进行统计分析得到总的分类精度和相应的混淆矩阵。

(8)对不同 n 值条件下的分类精度进行比较与分析。

为了回答 4.2.1 小节末提出的问题，在实验中选取了澳大利亚某个地区的 6 幅 23 cm×23 cm 的黑白航空影像和 10 幅武汉地区的 23 cm×23 cm 的黑白航空影像。根据野外调绘的结果，将它们分成 4 类，即居民地(167 幅)、农田(144 幅)、河流(154 幅)和灌木(219 幅)，总共 684 个样本，其中最小为 16 像素×16 像素，最大为 40 像素×40 像素。图 4-3 显示了每一类的一幅样本影像。实验的结果见表 4-2 和图 4-4。

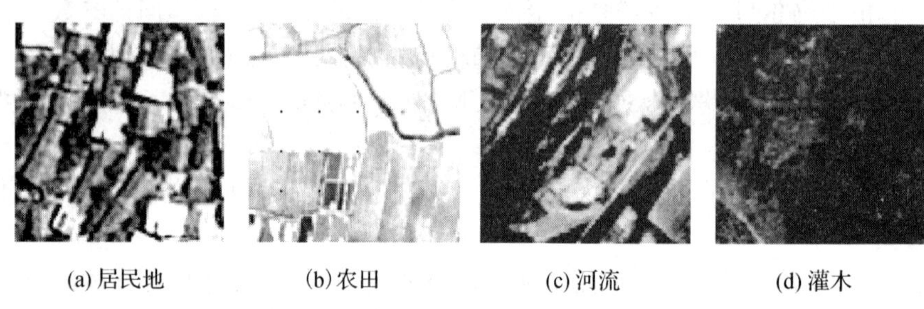

(a) 居民地　(b) 农田　(c) 河流　(d) 灌木

图 4-3　每一类的典型样本影像

表 4-2　分类的结果统计

训练样本	n	1	2	3	4	5	6	7
	Δ	0.62	0.51	0.42	0.39	0.35	0.31	0.27
80	总的分类精度	0.412 5	0.681 7	0.832 2	0.778 6	0.788 1	0.683 6	0.786 3
100		0.541 2	0.723 8	0.840 1	0.787 6	0.792 8	0.691 5	0.784 4
120		0.312 9	0.758 2	0.826 6	0.784 2	0.790 8	0.683 7	0.766 5
140		0.473 2	0.786 1	0.838 2	0.774 3	0.785 9	0.667 3	0.756 3

在表 4-2 中，首行表示 n 级贝叶斯网络中的 n 值，其中 1 为最大似然法；首列表示参加训练的样本总数，这是从每一类中随机选取的，而且每类选取的数量相等；第 2 行表示多级贝叶斯网络在 $n=1,\cdots,7$ 的情况下，每组中的最大相关系数 Δ 的值。从上述的实验结果中可以得到如下的结论。

(1)多级贝叶斯网络在分类精度方面一般高于最大似然法。

从表 4-2 中可以看到，当 $n=3$ 时，其分类精度令人满意，都为 82%～84%。随着训练样本数量的增多，分类精度有所波动，但波动范围很小，这可以说明在这个样本容量的范围内，训练样本的大小对分类精度的影响较小。由于提取的特征数量较多，特征间存在较大的相关性(从表 4-2 中可以看到最大的相关系数达到 0.62)，所以在分类精度方面，最大似然法在本实验中远不及多级贝叶斯网络。特别是当提取的特征较多、特征间的相关性较大时，两种方法的差异尤为明显。

(2)对于多级贝叶斯网络来说，对于不同的 n 值，其分类结果也有所差异。

为了更形象地表示上述的实验结果，把表 4-2 绘制成图 4-4 的形式。在图 4-4中，横轴表示多级贝叶斯网络中的 n 值，纵轴表示总的分类精度。从图 4-4 中可以发现，虽然训练样本不同，但其分类精度曲线的形状(走势)是大致相同的。随着 n 的增大，分类精度有所下降，而且有一定的波动，这意味着并不是 n 越大越好，在本实验的条件下，n 取 3 为最佳。

根据经验，在一般情况下使特征间的相关系数 Δ 控制在[0.3,0.5]，这时 n 值所对应的特征空间划分更有利于分类精度的提高。从理论角度分析，在一个特定的实验条件下，存在一个使得其分类精度最好的 n 值，这个值主要取决于所提取特征之间的相互依赖程度，也即相关性。实际上，多级贝叶斯网络中的 n 值隐含着对特征间相关程度(即相关系数)的影响，它表现为对现实世界描述的逼真程度。如何从理论上来指导或确定最佳的 n 值，从而获得最高的分类精度，这可以作为以后进一步研究的内容和方向。

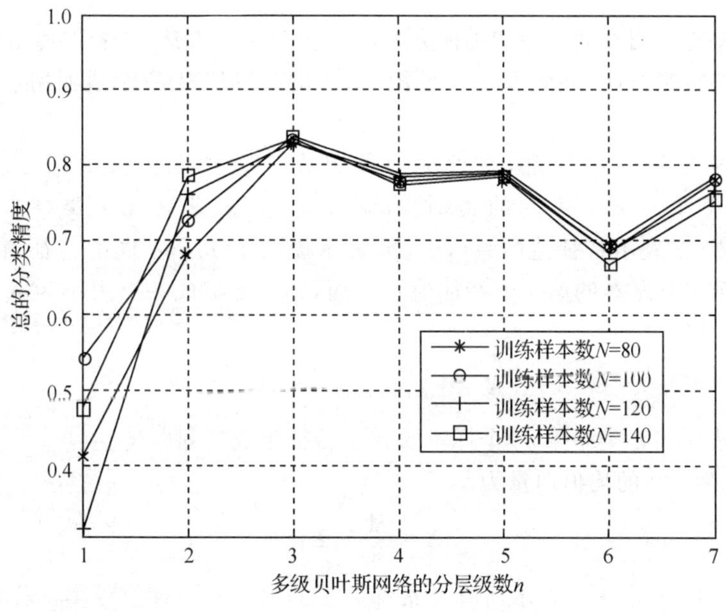

图 4-4　分类结果的统计图

§4.3　带有隐藏节点的贝叶斯网络的分类方法

隐藏节点(变量)在一般情况下是不能通过直接观测得到随机变量的(Friedman,

1997)。有的实际上存在,而且有相应的物理(或实际)的解释,但由于过于抽象而不能被直接观测,而有的只是一个虚拟(或虚构的)的起到中间过渡作用的节点。本节涉及的隐藏节点属于后一类,引入这些潜在的隐藏节点,目的都是为了更好地理解问题(节点之间的相互关系),进而更加有效地解决问题。此外,节点变量之间复杂的依赖关系将导致过多的参数,易产生对数据的过度拟合,使知识表示和推理过于复杂和不可靠(王双成,2005)。

本节所提出的一种引入隐藏节点的方法的基本思路:根据随机变量之间的相关系数对节点进行分组,把相关性较强的节点分在一组,接着每组节点寻找一个最佳投影的方向,按组把相关性较强的节点投影到这个方向(隐藏节点)上,便可以得到隐藏节点的虚拟观测值,而最佳投影方向的选择可以依据费歇(R. Fisher)准则,即在该投影方向上隐藏节点的虚拟观测值的类间方差与类内方差的比值达到最大。经过投影处理后,隐藏节点之间就可以保持几乎相互独立,但还是存在一部分较小的、可以忽略的相关性。

4.3.1 数学模型

下面将先介绍类间方差和类内方差的定义和计算方法,接着按照费歇准则推导出最佳的投影方向,从而可以得到隐藏节点的"虚拟"观测值,进而用于贝叶斯网络的推理。

为了避免符号的混乱,在此先对符号做一些说明。这里用 α 表示类别($\alpha=1,\cdots,k$,表示 k 个不同的类别);i 表示样本(n_α 表示第 α 类样本的总数,$i=1,\cdots,n_\alpha$);j 表示特征值($j=1,\cdots,p$,表示提取了 p 个不同的特征值);$X_{ij}^{(\alpha)}$ 表示第 α 类第 i 个样本的第 j 个特征值。从而,第 α 类组成一个大小为 $n_\alpha\times p$ 的样本矩阵 $\boldsymbol{X}_\alpha$,即

$$\boldsymbol{X}_\alpha=\left[\boldsymbol{X}_1^{(\alpha)} \quad \cdots \quad \boldsymbol{X}_{n_\alpha}^{(\alpha)}\right]^{\mathrm{T}} \tag{4-14}$$

式中,$\boldsymbol{X}_{n_\alpha}^{(\alpha)}$ 表示第 α 类中第 n_α 个样本的 p 个特征组成的列向量。

于是,第 α 类的均值向量为

$$\bar{\boldsymbol{X}}_\alpha=\frac{1}{n_\alpha}\boldsymbol{X}_\alpha^{\mathrm{T}}\boldsymbol{E}_1$$

其中,$\boldsymbol{E}_1=[1 \quad \cdots \quad 1]^{\mathrm{T}}$ 表示所有元素都为 1 的列向量。而第 α 类的样本协方差矩阵(张尧庭,2002)为

$$\boldsymbol{S}_\alpha=\frac{1}{n_\alpha-1}\boldsymbol{X}_\alpha^{\mathrm{T}}\left(\boldsymbol{I}_{n_\alpha}-\frac{1}{n_\alpha}\boldsymbol{E}_1\boldsymbol{E}_1^{\mathrm{T}}\right)\boldsymbol{X}_\alpha \tag{4-15}$$

式中,$\boldsymbol{I}_{n_\alpha}$ 表示大小为 n_α 的单位矩阵。

如果用每一类的均值向量 $\bar{\boldsymbol{X}}_\alpha$ 代表这一类的均值向量,即为这一类的样本中心。那么就可以用各类的均值向量之间的差异来反映类与类之间的差别,称为类

间方差(张尧庭,2002),记为 B,即

$$\boldsymbol{B} = \sum_{\alpha=1}^{k} n_\alpha (\bar{\boldsymbol{X}}_\alpha - \bar{\boldsymbol{X}})(\bar{\boldsymbol{X}}_\alpha - \bar{\boldsymbol{X}})^{\mathrm{T}} \tag{4-16}$$

式中,$\bar{\boldsymbol{X}}$ 为总的均值向量,即

$$\bar{\boldsymbol{X}} = \frac{1}{n} \sum_{\alpha=1}^{k} n_\alpha \bar{\boldsymbol{X}}_\alpha$$

而各类内部之间的差异可用类内方差的总和来描述(张尧庭,2002),记为 $\boldsymbol{S}$,即

$$\boldsymbol{S} = \sum_{\alpha=1}^{k} \boldsymbol{S}_\alpha \tag{4-17}$$

为了找到一个最佳的投影方向,在类间方差和类内方差的基础上,受到费歇(R. Fisher)想法的启发,将原先一组相关性较强的特征投影到这个最佳投影方向上后,得到一个虚拟节点的观测值,并使类与类之间的差异与类内部之间的差异之比达到最大,也就是说在这个最佳投影方向上最有能力来区别不同的类别。

假设有一组相关性较强的特征 X_1、…、X_j,样本用矩阵 $\underset{p\times j}{\boldsymbol{X}}$ 表示,另外用 $\underset{p\times 1}{\boldsymbol{a}}$ 来表示任意一个投影方向,$\boldsymbol{u}=\boldsymbol{a}^{\mathrm{T}}\boldsymbol{X}$ 为投影在 $\boldsymbol{a}$ 方向上的投影值,根据上述类间方差和类内方差的定义,相应地,隐藏节点 U 的类与类之间的差异 B_U 和类的内部之间的差异 S_U 均可由 $\boldsymbol{B}$ 和 $\boldsymbol{S}$ 表示出来(张尧庭,2002),即

$$B_U = \boldsymbol{a}^{\mathrm{T}}\boldsymbol{B}\boldsymbol{a} \tag{4-18}$$

$$S_U = \boldsymbol{a}^{\mathrm{T}}\boldsymbol{S}\boldsymbol{a} \tag{4-19}$$

因此根据 Fisher 准则,应当选择 $\boldsymbol{a}_*$,使得

$$\frac{\boldsymbol{a}_*^{\mathrm{T}}\boldsymbol{B}\boldsymbol{a}_*}{\boldsymbol{a}_*^{\mathrm{T}}\boldsymbol{S}\boldsymbol{a}_*} = \max_{a}\left\{\frac{\boldsymbol{a}^{\mathrm{T}}\boldsymbol{B}\boldsymbol{a}}{\boldsymbol{a}^{\mathrm{T}}\boldsymbol{S}\boldsymbol{a}}\right\} \tag{4-20}$$

限于篇幅,不加证明地给出 a_* 的解,有兴趣的读者可以去查看相关文献(张尧庭,2002)中的详细推理过程。实际上,$\boldsymbol{a}_*$ 为 $\boldsymbol{S}^{-1}\boldsymbol{B}$ 的最大特征根所对应的特征向量,如果是两类的情况,则

$$\boldsymbol{a}_* = \boldsymbol{S}^{-1}(\bar{\boldsymbol{X}}_1 - \bar{\boldsymbol{X}}_2)$$

隐藏节点主要与所提取的原始特征有关,纹理特征在影像分析与理解中一直是一个非常重要的内容。为了更好地说明如何引入隐藏节点,在实验中提取了 7 种纹理特征,大致把它们分为两类。

(1)统计性纹理特征:偏度、信息熵和灰度共生矩阵中的逆差矩,分别记为 X_1、X_2 和 X_3。

(2)结构性纹理特征:图像经过 Symlets 小波(Rioul et al,1991;虞欣 等,2006)变换后,分别提取一尺度的近似分量 LL 中的均值、水平细节分量 LH 中的方差和垂直细节分量 HL 中的方差。另外,再加上分形维特征,分别记为 X_4、X_5、

X_6 和 X_7。

在贝叶斯网络中引入隐藏节点后，在有向图中用带有箭头的虚线表示，如图 4-5所示，并假设节点 X_2 和 X_3 及节点 X_1、X_4、X_6 和 X_7 之间有较强的相关性，因此在节点 X_2 和 X_3 及节点 X_1、X_4、X_6 和 X_7 这两组相关性较强的节点中分别引入隐藏节点 X_9 和 X_8。为了更加具体地说明带有隐藏节点的贝叶斯网络在分类中的应用，在此先以图 4-5 为例推导相应的数学模型，接着说明分类的基本原理和步骤，并在实验部分给出相应的数据。

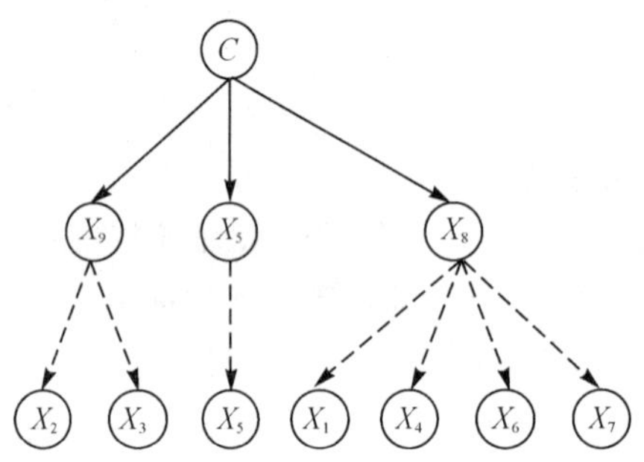

图 4-5 带有隐藏节点的贝叶斯网络分类器

根据上述的理论，隐藏节点 X_9 的观测值可以从节点 X_2 和 X_3 的线性组合中得到；相应地，隐藏节点 X_8 的观测值可以从节点 X_1、X_4、X_6 和 X_7 的线性组合中得到，而节点 X_5 保持不变。通过特征之间的相关性分析（具体的实验结果见表 4-3和表 4-4）可知：虽然在没有引入隐藏节点之前，节点 X_1 到 X_7 这 7 个节点之间有较强的相关性，但引入隐藏节点 X_8 和 X_9 之后，节点 X_5 与这两个隐藏节点之间的相关性很小，可以忽略，也即把它们当做相互独立的节点，并且用 X_5、X_8 和 X_9 这 3 个隐藏节点代替原来的 7 个节点。因此由贝叶斯网络的定义，依据 2.2.2 小节末式(2-14)，可以得到

$$\begin{aligned} P(X_1,X_2,\cdots,X_7,C) &= P(X_5,X_8,X_9,C) \\ &= P(C)P(X_5|\pi(X_5))P(X_8|\pi(X_8))P(X_9|\pi(X_9)) \\ &= P(C)P(X_5|C)P(X_8|C)P(X_9|C) \end{aligned} \tag{4-21}$$

式中，$\pi(X_i)$表示节点 X_i 的父节点集合。

由贝叶斯公式可以得到

$$P(C|X_1,X_2,\cdots,X_7)=\frac{P(X_1,X_2,\cdots,X_7|C)P(C)}{P(X_1,X_2,\cdots,X_7)}=\frac{P(X_1,X_2,\cdots,X_7,C)}{P(X_1,X_2,\cdots,X_7)} \tag{4-22}$$

而 $P(X_1,X_2,\cdots,X_7)$是一个与 C 无关的常量，因此有

$$P(C|X_1,X_2,\cdots,X_7)\propto P(X_1,\cdots,X_7,C)=P(C)P(X_5|C)P(X_8|C)P(X_9|C) \tag{4-23}$$

如果假设 $P(X_i|C)$ 服从正态分布，由训练样本可以估计出相应的均值、方差和 $P(C)$，这样便可以计算出每一个待分类单元属于某一类 C_i 的后验概率 $P(C_i|X_1,X_2,\cdots,X_7)$，最后根据后验概率最大的准则，进行分类或判别，即最后类别 C^* 为 $\max\limits_i\{P(C_i|X_1,X_2,\cdots,X_7)\}$。

为了更好地描述带有隐藏节点的贝叶斯网络在航空影像纹理分类中的应用，下面给出具体的步骤。

(1)根据实际情况，从每一类中随机地选取一定数量的训练样本和测试样本。

(2)从训练样本中提取上述的7种纹理特征，计算出这7种纹理特征的相关系数矩阵，并根据它们之间的相关程度进行分组。

(3)依据分组情况，假设节点 X_2 和 X_3 分在一组，由训练样本组成式(4-14)中的样本矩阵，接着根据式(4-15)、式(4-16)和式(4-17)计算出类间方差 $\boldsymbol{B}$ 和类内方差 $\boldsymbol{S}$，再计算矩阵 $\boldsymbol{S}^{-1}\boldsymbol{B}$ 的最大特征根所对应的特征向量 $\boldsymbol{a}_*$，最后根据 X_2 和 X_3 的线性组合($X_9=\boldsymbol{a}_*^{\mathrm{T}}[X_2\quad X_3]$)便可以得到隐藏节点 X_9 的虚拟观测值。其他的分组节点进行相同的投影处理即可。

(4)假设 $P(X_i|C)$ 服从正态分布，由训练样本可以估计出相应的均值、方差和 $P(C)$。

(5)根据式(4-23)可以计算出每一个待分类单元属于某一类 C_i 的后验概率 $P(C_i|X_1,X_2,\cdots,X_7)$。

(6)最后根据后验概率最大的准则对第一步中所选的测试样本进行分类或判别，即 C^* 为 $\max\limits_i\{P(C_i|X_1,X_2,\cdots,X_7)\}$。

(7)进行分类后的精度评定和分析。

4.3.2　实验与分析

为了验证带有隐藏节点的贝叶斯网络在分类应用中的正确性和有效性，在实验中，选取了澳大利亚某个地区的6幅23 cm×23 cm的黑白航空影像和10幅武汉地区的23 cm×23 cm的黑白航空影像。根据野外调绘的结果，对这16幅大的航空影像人工分割为小块的465幅小图像，并将它们分成3类，即居民地(167幅)、农田(144幅)和河流(154幅)，其中最小的为16像素×16像素，最大的为40像素×40像素，图4-6显示了每一类的一幅代表性样本影像。实验的结果见表4-3、表4-4、表4-5和图4-7。

表4-3为根据所选训练样本计算出7种纹理特征的相关系数矩阵，从表中可以看到 X_2 与 X_3 的相关性较强(0.481 3)，另外 X_1、X_4、X_6 和 X_7 相关性更强，都在0.78以上，而 X_5 与其他节点的相关性都比较弱，都不超过0.04，因此可以把这7个节点分成3组。

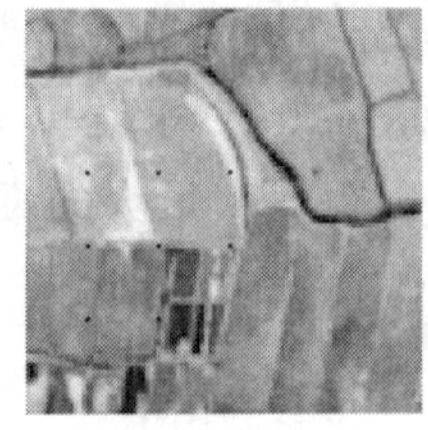
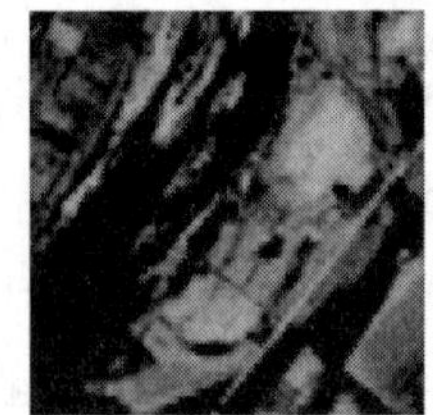

(a) 居民地　(b) 农田　(c) 河流

图 4-6　每一类的一幅代表性样本影像

表 4-3　7 种纹理特征的相关系数矩阵

特征	X_1	X_2	X_3	X_4	X_5	X_6	X_7
X_1	1.000 0	−0.026 0	−0.127 5	0.799 6	0.032 4	0.803 6	0.781 0
X_2	−0.026 0	1.000 0	0.481 3	−0.159 7	−0.014 1	−0.158 6	−0.162 7
X_3	−0.127 5	0.481 3	1.000 0	−0.214 0	0.002 6	−0.214 9	−0.222 3
X_4	0.799 6	−0.159 7	−0.214 0	1.000 0	−0.005 2	0.891 6	0.890 0
X_5	0.032 4	−0.014 1	0.002 6	−0.005 2	1.000 0	0.038 8	0.015 8
X_6	0.803 6	−0.158 6	−0.214 9	0.891 6	0.038 8	1.000 0	0.892 2
X_7	0.781 0	−0.162 7	−0.222 3	0.890 0	0.015 8	0.892 2	1.000 0

接着，根据 Fisher 准则，即根据式(4-20)分别计算出它们的最佳投影方向为

$$X_8 = -0.4798X_1 - 0.5044X_4 - 0.5059X_6 - 0.5094X_7$$

$$X_9 = -0.7082X_2 - 0.7060X_3$$

$$X_5 = X_5$$

由上述 3 个投影方程可以得到隐藏节点 X_5、X_8 和 X_9 的虚拟观测值，并计算出它们之间的相关系数矩阵，见表 4-4 。从表 4-4 可看出，引入隐藏节点 X_8 与 X_9 之后，它们与节点 X_5 的相关性大为减弱。

表 4-4　X_5、X_8 和 X_9 的相关系数矩阵

特征	X_8	X_9	X_5
X_8	1.000 0	0.184 3	0.024 3
X_9	0.184 3	1.000 0	0.005 1
X_5	0.024 3	0.005 1	1.000 0

从表 4-4 中还可以明显地看到，最大的相关系数是 X_8 与 X_9，只有 0.184 3，所以可以把这 3 个节点当做几乎相互独立的节点，由此构建的贝叶斯网络见图 4-5。从图 4-5 中可以发现隐藏节点，能够汇聚变量之间的复杂依赖信息，比如节点 X_1、X_4、X_6、X_7 之间的相互作用通过隐藏节点 X_8 来实现，从而简化了网络的拓扑结构，提高了学习的效率和可靠性。另外，隐藏变量的机制在现实世界和人类学习中具有一般意义，Pearl 本人把隐藏节点形象地比做乐队的指挥，非常贴切地描述了

隐藏变量所起的作用和意义。

最后，在构建图 4-5 贝叶斯网络的基础上，根据训练样本进行学习相应的参数，在不同训练样本的条件下，对测试样本进行分类，并且与简单贝叶斯网络分类器(NBC)和 PCA-NBC 方法(Yu et al,2005)在分类精度方面进行了比较。限于篇幅，表 4-5 列出了部分结果。表中第一行 N 代表从每一类中随机选取的训练样本数。虽然当 $N=22$ 或 23 时，PCA-NBC 的分类精度要比带有隐藏节点的贝叶斯网络分类器(HBN)高一些，但总的平均值(表中的 μ 这列)却只有 81.17%，比 HBN (84.70%)要低 3%。实际上当 $N=23$ 时，HBN 的分类精度达到最高(85.16%)。

表 4-5　3 种方法的分类精度的比较

N	18	19	20	21	22	23	24	μ	σ
HBN	0.843 0	0.843 0	0.838 7	0.840 9	0.847 3	0.851 6	0.851 6	0.847 0	0.698%
PCA-NBC	0.698 9	0.815 1	0.709 7	0.707 5	0.877 4	0.875 3	0.853 8	0.811 7	6.024%
NBC	0.671 0	0.681 7	0.750 5	0.722 6	0.666 7	0.668 8	0.662 4	0.660 0	3.532%

为了更加直观地描述上述 3 种方法的差异，把在不同训练样本的条件下的分类精度情况绘制在图 4-7 中。从图 4-7 中可以明显看到 NBC 和 PCA-NBC 两种方法受训练样本的影响较大，不同训练样本的条件下，分类精度波动较大，而 HBN 则相对比较平稳，它的分类精度的标准差只有 0.698%(表 4-5 中 σ 这列)。但随着训练样本的逐渐增加(当 $N>22$ 时)，HBN 的分类精度要略低于 PCA-NBC 的分类精度。

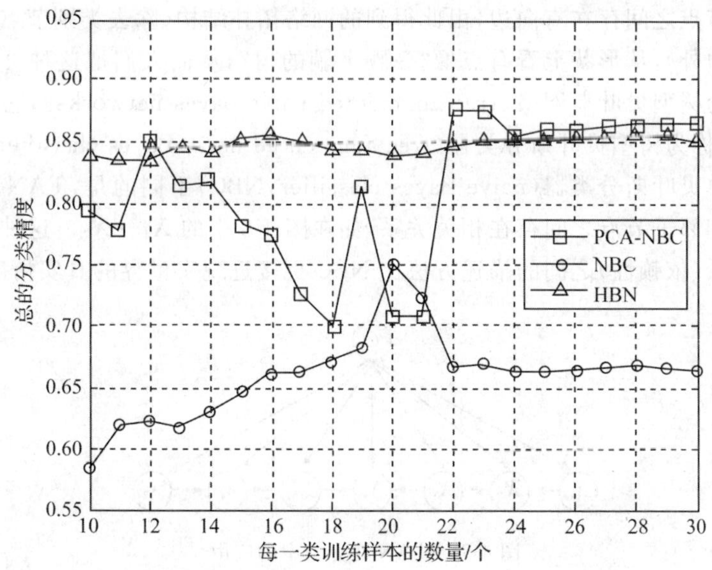

图 4-7　3 种方法分类精度的比较结果

本小节针对简单贝叶斯分类器中"天真"、苛刻的条件独立假设，结合 Fisher 准则引用一种引入隐藏节点的方法，来松弛或放宽这个不现实的假设，并把它应用于航空影像的纹理分类中。实验与分析表明，该方法是有效的、可行的，在分类精度和稳定性方法要远远高于 NBC。另外，在训练样本不多的情况下，该方法也比 PCA-NBC 方法的平均分类精度高 3%之多，而且受训练样本数量的影响较小。但在有较多的训练样本条件下，HBN 比 PCA-NBC 的分类精度要略低一些。

在以后的研究工作中，一方面可以尝试一下在其他准则（Yu et al，2007）下的最佳投影方向是否可以取得更好的分类精度；另一方面，可以与其他引入隐藏节点的方法进行比较，以及在有可能的情况下更好地解释所引入的隐藏节点的物理或实际的意义等。

§4.4 树型贝叶斯网络的分类方法

在简单贝叶斯网络模型中，要求（假设）父节点下的子节点之间保持相互独立，但现实世界中往往并非如此。虽然把它直接应用于分类中，有时可以取得较好的分类精度，但人们自然而然就会提出，如果放宽这个相对独立的、过于"苛刻"的、"天真（naive）"的假设条件，能否取得更高的分类精度？

鉴于此，这里提出一种对"天真"假设的松弛方法，即允许父节点下的子节点之间有相互关系（存在有向边），但考虑到计算工作量，不允许这些子节点之间可以有任意的有向边，而只是把这些子节点之间的关系限制为一种"树型关系"，也即只允许相邻的节点之间存在有向边，由此得到的网络拓扑结构（除去类别节点及与它相连的有向边外），从形状上看有点像"一颗平躺的树"，从而人们把这种贝叶斯网络形象地称为树型贝叶斯网络（tree augmented naive bayes networks），它在分类领域中，习惯称为树型贝叶斯分类器（tree augmented naive Bayes classifier，TAN）。

与简单贝叶斯分类器（naive Bayes classifier，NBC）不同的是，TAN 允许类别节点下的相邻子节点之间存在相关关系，如在图 4-8 中的 $X_1 \rightarrow X_2$。这种变量之间的相互关系（依赖性）之间的描述方法比 NBC 更接近现实世界的真实情况。

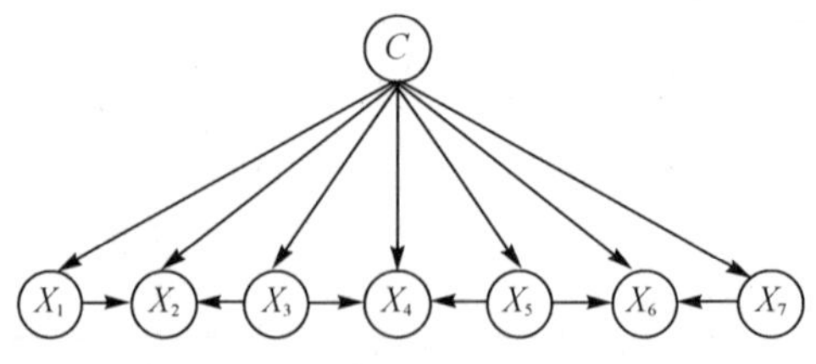

图 4-8 TAN 在分类中的应用

图 4-8 为 TAN 在分类中应用的一个图例。图中 C 为类别节点(变量),变量 X_i 为从某一个待分类单元中提取的纹理特征。

实际上,从网络拓扑结构方面来看,TAN 是对 NBC 模型的一种推广模型,即先建立一个 NBC 模型,然后在它的基础上再考虑类别节点下的相邻子节点之间的相互关系,建立类似图 4-8 的一种网络拓扑结构。所以,TAN 比 NBC 多了一个网络拓扑结构的学习(或训练)阶段,然而要确定 TAN 的网络拓扑结构,必须根据某种准则或通过训练样本进行学习得到。

贝叶斯网络的学习(或训练)阶段包括两个部分,网络拓扑结构的学习和参数的学习(估计)。而其中网络拓扑结构的学习一直是贝叶斯网络研究的热点,也是一个难点,特别是当节点个数较多的情况。由于应用专业背景的不同,研究工作者提出了许多网络拓扑结构的学习方法,主要可以分为两大类。一类是基于计分函数的方法,如最小长度描述法;另一类是基于独立性测试的方法,如条件独立测试法。

然而,在影像分类领域中,一方面,由于不像在医疗诊断应用中,节点之间存在一种明显的因果关系,如感冒(节点)会引起(指向)发烧(节点),在分类应用中所提取的特征变量(节点)之间并不具备这种明显的因果关系。因此,如何解释特征(节点)与特征(节点)之间的指向关系的内在物理含义,这个问题还需要以后进行更深入的研究。另一方面,考虑到计算工作量的问题,如果允许类别节点下的子节点之间可以存在任意的相关关系(有向边),那么所有可能的拓扑结构就有 $3^{(n^2-n)/2}$ 种(假定特征变量的个数为 n),显然,在这种情况下对拓扑结构进行穷尽搜索(或遍历)的工作量是巨大的。因此,在 TAN 模型中只允许(假设)相邻的两个变量之间存在相关关系(有向边),即要么 $X_i \rightarrow X_{i+1}$,要么 $X_{i+1} \rightarrow X_i$。这样特征变量之间形成的拓扑结构形状上与“树”非常相像,通常把这个约束(假设)称之为树型结构约束。在这个条件的约束下,对所有的拓扑结构进行穷尽搜索还有 $n! \times 3^{n-1}$ 种。当 $n=7$ 时,有 3 674 160 种,如果假定一个特征变量的排列顺序(有 $7!=5\,040$ 种),那么可能的网络拓扑结构就减少为 729 种。考虑到计算量的原因,在实验中,事先假定了一个特征变量的出现顺序为偏度、信息熵、灰度共生矩阵中的逆差矩、基于小波的结构特征和分形维特征。

这里提出一种根据训练样本的训练精度来学习网络拓扑结构的方法。首先,任意给定一种初始的状态(类似图 4-8);接着进行网络参数的学习,再把训练样本当做测试样本进行分类,得到训练样本的分类精度(这个精度称为训练精度);然后在树型结构的约束和特征变量的顺序假设下,依次搜索所有可能的网络拓扑结构,其中最高的训练精度所对应的那个网络(包括拓扑结构和参数的估计值)作为学习的最好结果,用于后续的分类中。

4.4.1 数学模型

从图 4-8 中,可以看到除了类别节点 C 之外,其他的节点至少有一个父节点,还可能存在其他的父节点,这种情况下的概率推理模型就比 NBC 要复杂一些,在下面的推导过程中假设随机向量服从多元正态分布。多元正态分布作为一元正态分布的高维推广,它在多元统计分析中起着十分重要的作用。但是,实际数据绝对不会严格地服从多元正态分布。一般来说,正态分布仅仅是真实总体分布的一种很有用的近似。多元正态分布的优点之一,是数学上易于处理,并且能够获得较好的结果,而对其他的分布,情况往往并非如此。其实,有两个原因使正态分布在实际中有广泛的应用。首先,正态分布在许多情况下确实能够作为真实总体的分布;其次,根据中心极限定理,不论总体分布如何,许多多元统计量的分布都是近似正态的。总之,现实世界中的许多问题都在正态理论的范围内。正态分布的重要性在于它不仅是一些自然现象的总体模型,而且是许多统计量的样本分布(王学仁等,1990)。下面给出大致的推导过程。

设 X_s 为 TAN 中的任意一个节点,记 X_p 为子节点 X_s 的父节点集(即 $\pi(X_s)$)。例如,对于图 4-8 中的 X_4 节点,$X_s=X_4$,$\pi(X_s)=X_p=\{X_3,X_5,C\}$。在下面的表述中,用大写的英文字母表示随机变量,相应的小写字母表示该随机变量的观测值,也即样本值。假设向量 $\boldsymbol{X}_s$ 和向量 $\boldsymbol{X}_p$ 服从正态分布,两者可以组成一个$(n+1)$维的正态随机向量 $\boldsymbol{X}$,即

$$\underset{(n+1)\times 1}{\boldsymbol{X}}=\begin{bmatrix}\underset{1\times 1}{\boldsymbol{X}_s} & \underset{n\times 1}{\boldsymbol{X}_p}\end{bmatrix}^{\mathrm{T}} \tag{4-24}$$

则相应的均值向量 $\boldsymbol{\mu}_X$ 和协方差矩阵 $\boldsymbol{D}_X$ 为

$$\boldsymbol{\mu}_X=\begin{bmatrix}\boldsymbol{\mu}_s\\ \boldsymbol{\mu}_p\end{bmatrix}=\overline{\boldsymbol{X}} \tag{4-25}$$

$$\boldsymbol{D}_X=\begin{bmatrix}\boldsymbol{D}_{ss} & \boldsymbol{D}_{sp}\\ \boldsymbol{D}_{ps} & \boldsymbol{D}_{pp}\end{bmatrix}=\frac{1}{n}(\boldsymbol{X}-\boldsymbol{\mu}_X)(\boldsymbol{X}-\boldsymbol{\mu}_X)^{\mathrm{T}} \tag{4-26}$$

从而有

$$\boldsymbol{X}_s\sim N(\boldsymbol{\mu}_s,\boldsymbol{D}_{ss}),\quad \boldsymbol{X}_p\sim N(\boldsymbol{\mu}_p,\boldsymbol{D}_{pp}) \tag{4-27}$$

所以 $\boldsymbol{X}$ 的概率密度为

$$f(\boldsymbol{X})=(2\pi)^{-\frac{n+1}{2}}\left|\boldsymbol{D}_X\right|^{-\frac{1}{2}}\mathrm{e}^{-\frac{1}{2}\begin{bmatrix}\boldsymbol{X}_s-\boldsymbol{\mu}_s\\ \boldsymbol{X}_p-\boldsymbol{\mu}_p\end{bmatrix}^{\mathrm{T}}\boldsymbol{D}_X^{-1}\begin{bmatrix}\boldsymbol{X}_s-\boldsymbol{\mu}_s\\ \boldsymbol{X}_p-\boldsymbol{\mu}_p\end{bmatrix}} \tag{4-28}$$

进而根据条件概率密度公式,可以得到 $\boldsymbol{X}_s$ 对 $\boldsymbol{x}_p$ 的条件概率密度,即

$$f(\boldsymbol{X}_s\,|\,\boldsymbol{x}_p)=(2\pi)^{-\frac{n+1}{2}}\left|\widetilde{\boldsymbol{D}}_{ss}\right|^{-\frac{1}{2}}\mathrm{e}^{-\frac{1}{2}[\boldsymbol{X}_s-\tilde{\boldsymbol{\mu}}_s]^{\mathrm{T}}\widetilde{\boldsymbol{D}}_{ss}^{-1}[\boldsymbol{X}_s-\tilde{\boldsymbol{\mu}}_s]} \tag{4-29}$$

式(4-29)仍然是正态概率密度。式中,$\tilde{\boldsymbol{\mu}}_s$为 $\boldsymbol{X}_s$ 对 $\boldsymbol{x}_p$ 的条件期望,$\widetilde{\boldsymbol{D}}_{ss}$为 $\boldsymbol{X}_s$ 对 $\boldsymbol{x}_p$ 的

条件方差，计算式为

$$E(\boldsymbol{X}_{\mathrm{s}}|\boldsymbol{x}_{\mathrm{p}})=\widetilde{\boldsymbol{\mu}}_{\mathrm{s}}=\boldsymbol{\mu}_{\mathrm{s}}+\boldsymbol{D}_{\mathrm{sp}}\boldsymbol{D}_{\mathrm{pp}}^{-1}(\boldsymbol{x}_{\mathrm{p}}-\boldsymbol{u}_{\mathrm{p}}) \tag{4-30}$$

$$D(\boldsymbol{X}_{\mathrm{s}}|\boldsymbol{x}_{\mathrm{p}})=\widetilde{\boldsymbol{D}}_{\mathrm{ss}}=\boldsymbol{D}_{\mathrm{ss}}-\boldsymbol{D}_{\mathrm{sp}}\boldsymbol{D}_{\mathrm{pp}}^{-1}\boldsymbol{D}_{\mathrm{ps}} \tag{4-31}$$

最后可以计算出当 $\boldsymbol{X}_{\mathrm{p}}$ 的观测值为 $\boldsymbol{x}_{\mathrm{p}}$ 时，$\boldsymbol{X}_{\mathrm{s}}$ 的条件概率为

$$P(\boldsymbol{X}_{\mathrm{s}}|\boldsymbol{x}_{\mathrm{p}})=f(\boldsymbol{X}_{\mathrm{s}}|\boldsymbol{x}_{\mathrm{p}})\mathrm{d}\boldsymbol{X}_{\mathrm{s}} \tag{4-32}$$

式中，$\mathrm{d}\boldsymbol{X}_{\mathrm{s}}$ 表示微小的变化量(步长)，在计算中可视为 1。

因此，根据 2.2.2 小节末的式(2-14)和式(4-32)，计算所有节点的联合概率的公式为

$$P(X_1,X_2,\cdots,X_n,C_i)=\prod_{s=1}^{n}P(\boldsymbol{X}_{\mathrm{s}}\mid\boldsymbol{x}_{\mathrm{p}}) \tag{4-33}$$

式中，C_i 为类别变量；$i=1,\cdots,m$ 表示相应的类别；m 为类别的总数。然后由条件概率公式可以得到

$$P(C_i|X_1,X_2,\cdots,X_n)=\frac{P(X_1,X_2,\cdots,X_n|C_i)P(C_i)}{P(X_1,X_2,\cdots,X_n)}=\frac{P(X_1,X_2,\cdots,X_n,C_i)}{P(X_1,X_2,\cdots,X_n)} \tag{4-34}$$

式(4-34)与前面的式(4-22)形式上似乎一样，但实际上两个公式展开后的后验概率的具体计算表达式有所不同。

由于 $P(X_1,X_2,\cdots,X_n)$ 是一个与 C_i 无关的常量，所以有

$$P(C_i|X_1,X_2,\cdots,X_n)\propto P(X_1,X_2,\cdots,X_n,C_i) \tag{4-35}$$

最后，类似与最大似然法，根据后验概率最大的准则进行判别(或推理)，即 C^* 为 $\max\limits_{i}\{P(C_i|X_1,X_2,\cdots,X_n)\}$。

为了更好地表述 TAN 在影像纹理分类中的应用，现将具体步骤归纳如下。

1. 预备阶段

(1)根据实际情况，从每一类中随机地选取一定数量的训练样本和测试样本。

(2)从训练样本和测试样本中提取前述的 7 种纹理特征，并将从训练样本中提取的特征按类别(假设为 3 类)组成式(4-24)中的观测矩阵，即得到 3 个 $t\times(n+1)$ 大小的观测矩阵 $\boldsymbol{X}$，其中 t 为训练样本的个数(不同的类别 t 可以不同)，$n+1$ 为提取特征的个数，由于提取了 7 个纹理特征，所以 $n=6$。再根据式(4-25)和式(4-26)得到每一类的均值向量 $\boldsymbol{\mu}_X$ 和协方差矩阵 $\boldsymbol{D}_X$，从而可以得到式(4-30)和式(4-31)中的 $\boldsymbol{\mu}_{\mathrm{s}}$、$\boldsymbol{\mu}_{\mathrm{p}}$、$\boldsymbol{D}_{\mathrm{sp}}$、$\boldsymbol{D}_{\mathrm{ss}}$、$\boldsymbol{D}_{\mathrm{ps}}$ 和 $\boldsymbol{D}_{\mathrm{pp}}$。

2. 网络的学习(或训练)阶段

(1)任意选取一个类似图 4-8 的网络拓扑结构，作为初始状态。从初始状态中，按特征变量的顺序依次选取一个特征变量(节点)作为子节点，如选 X_2，那么从图 4-8 中可以看到它的父节点是 X_1、X_3 和 C。接着 X_2 的均值作为 $\boldsymbol{\mu}_{\mathrm{s}}$，$X_1$ 和

X_3 组成的均值向量作为 $\boldsymbol{\mu}_{\mathrm{p}}$。同理，$X_2$ 的方差作为 $\boldsymbol{D}_{\mathrm{ss}}$，$X_1$ 和 X_3 的方差矩阵作为 $\boldsymbol{D}_{\mathrm{pp}}$，$X_2$ 与 X_1 和 X_3 之间的协方差作为 $\boldsymbol{D}_{\mathrm{ps}}$ 和 $\boldsymbol{D}_{\mathrm{sp}}$。根据上述得到的 $\boldsymbol{\mu}_{\mathrm{s}}$、$\boldsymbol{\mu}_{\mathrm{p}}$、$\boldsymbol{D}_{\mathrm{sp}}$、$\boldsymbol{D}_{\mathrm{ss}}$、$\boldsymbol{D}_{\mathrm{ps}}$、$\boldsymbol{D}_{\mathrm{pp}}$ 和从待分类单元提取的特征（观测值）$\boldsymbol{x}=[\boldsymbol{x}_{\mathrm{s}} \quad \boldsymbol{x}_{\mathrm{p}}]$（其中，$\boldsymbol{x}_{\mathrm{s}}$ 是子节点 X_2 的观测值，而 $\boldsymbol{x}_{\mathrm{p}}$ 是父节点 X_1 和 X_3 组成的观测向量），再按式（4-30）和式（4-31）对式（4-29）中的参数（$\tilde{\boldsymbol{\mu}}_{\mathrm{s}}$ 和 $\widetilde{\boldsymbol{D}}_{\mathrm{ss}}$）进行估计，然后按式（4-29）和式（4-32）可以计算得到 $\boldsymbol{X}_{\mathrm{s}}$ 对 $\boldsymbol{x}_{\mathrm{p}}$ 的条件概率。接着选择另外一个节点作为子节点，仿上述的方法进行条件概率的计算，如此便可以得到所有节点（除类别节点之外）作为子节点时的条件概率，最后按式（4-33）和式（4-35）得到属于某一类的后验概率。由于类别的不同，特征变量的均值和协方差矩阵就有所不同，所以可以得到属于不同类别的 3 个不同的后验概率，按最大后验概率准则进行判别（分类），即 C_i^* 为 $\max\limits_i\{P(C_i \mid X_1,\cdots,X_7)\}$。在这 3 组参数的估计值下，把训练样本当做测试样本按上述过程进行分类，并对训练样本的分类结果进行统计，得到初始的训练精度。

（2）穷尽搜索所有的网络拓扑结构，按照上一步骤并依据训练样本对参数进行重新学习（估计），在新的网络拓扑结构和参数估计值下，再对训练样本进行重新分类，得到不同网络拓扑结构下的训练精度。

（3）在树型结构的约束和特征变量的顺序假设条件下，依次搜索所有可能的网络拓扑结构，计算在每一种网络拓扑结构下的训练精度，从中选取训练精度最高时所对应的网络拓扑结构和参数估计值，作为最后的训练结果保存下来，用于后续的分类。

3. 分类（或测试）阶段

（1）根据训练样本得到的网络拓扑结构和参数的估计值，利用式（4-35）依次计算测试样本属于每一类的后验概率，然后按照最大后验概率的原则对每一个测试样本进行分类。

（2）根据测试样本得到的混淆矩阵进行精度的评定。

4.4.2 实验与分析

为了验证 TAN 模型在分类应用中的正确性和有效性，在实验中，选取了澳大利亚某个地区的 6 幅 23 cm×23 cm 的黑白航空影像和 10 幅武汉地区的 23 cm×23 cm 的黑白航空影像。根据野外调绘的结果，对这 16 幅大的航空影像人工分割为小块的 465 幅小图像，并将它们分成 3 类，即居民地（167 幅），农田（144 幅）和河流（154 幅），其中最小的为 16 像素×16 像素，最大的为 40 像素×40 像素，并采用 3 种不同的方法——简单贝叶斯网络（NBC）、带有隐藏节点的贝叶斯网络（HBN）和树型贝叶斯网络（TAN）进行分类的比较实验。实验的结果见表 4-6、图 4-9 和图 4-10。

表 4-6　3 种方法的比较

N	10	15	20	25	30	35	40	45	σ
TAN	0.868 8	0.883 9	0.875 3	0.877 4	0.881 7	0.883 9	0.877 4	0.879 6	0.004
HBN	0.838 7	0.851 6	0.838 7	0.851 6	0.851 6	0.851 6	0.853 8	0.847 3	0.006
NBC	0.582 8	0.645 2	0.750 5	0.664 5	0.664 5	0.662 4	0.675 0	0.671 0	0.030

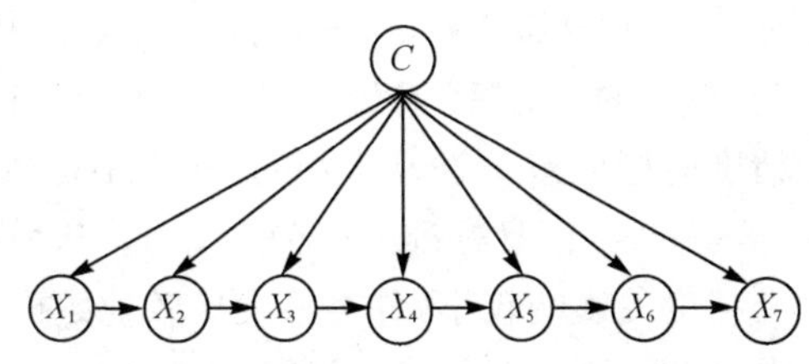

图 4-9　训练的 TAN 的拓扑结构

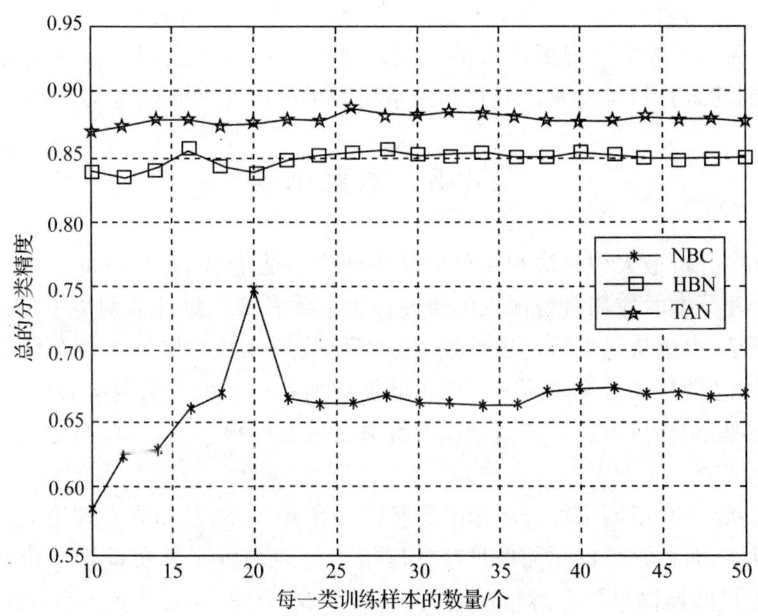

图 4-10　训练样本对总的分类精度的影响曲线

在每一类中随机地选取 50 个样本作为训练样本，按照 4.4.1 小节的算法步骤进行网络拓扑结构的学习。图 4-9 为经过搜索后得到训练精度最高(90.67%)的网络拓扑结构，而次优训练精度为 90%，此时的网络拓扑结构只是把图 4-9 中的 $X_4 \rightarrow X_5$ 改为 $X_4 \leftarrow X_5$。然而，在图 4-9 中，如 $X_2 \rightarrow X_3$ 目前仅仅表示信息熵特征对逆差矩特征有直接的影响，但这种影响的内在的“物理”含义目前还不能很好地解释,需要以后进一步地深入研究。

在图 4-10 中,横坐标表示从每一类中选取训练样本的个数,纵坐标表示相应的总的分类精度。为了验证 TAN 方法的有效性,与 NBC(简单贝叶斯网络分类器)和 HBN(带有隐藏节点的贝叶斯网络分类器)进行了比较实验。从图中可以看到,基于 TAN 的总的分类精度较高,它的曲线在 HBN 和 NBC 曲线的上面,具体数据见表 4-6。

在表 4-6 中列出图 4-10 中的部分数据,第一行 N 表示从每一类中选取训练样本的数量,第一列表示三种不同的方法,而最后一列表示同一种方法在不同训练样本的情况下获得分类精度的标准差 σ(波动大小)。从表中可以看到,基于 TAN 的分类精度在 86.88%~88.39%,而且标准差仅为 0.004。从另一个角度说明,训练样本的数量对总的分类精度的影响较小,分类精度比较稳定而且令人满意。另外,HBN 方法的平均分类精度(84.84%)比 TAN 方法的平均精度(87.89%)低 3.05%。

TAN 是目前公认的对 NBC 的性能改进最好的分类器之一。在今后的研究工作中还需要对 TAN 进行更深入的研究。比如特征变量出现的顺序对分类的影响,以及如何解释特征变量之间指向关系所表示的内在“物理”含义等。

§4.5 本章小结

本章在分析最大似然法和简单贝叶斯网络方法的基础上,对贝叶斯网络在航空影像纹理分类的应用进行深入的研究。为了弥补简单贝叶斯网络中“天真独立”假设的不足,本章从尽量满足条件独立或者松弛条件独立假设的两个角度出发引用多级贝叶斯网络、带有隐藏节点的贝叶斯网络和树型贝叶斯网络的概念,针对航空影像纹理分类的特点,详细推导出 3 种方法的数学模型,从实验与分析中可以得到如下的结论。

(1)多级贝叶斯网络综合考虑了特征之间依赖关系,从而它在理论上优于简单贝叶斯网络,而且它可以比简单贝叶斯网络更好地刻画了真实世界。在分类精度方面,3 级贝叶斯网络的分类精度令人满意,都在 82%~84%,远远优于最大似然法分类器的分类精度。

(2)带有隐藏节点的贝叶斯网络顾及了在现实世界中可能还有一部分特征不能被直接观测得到,但可以用现有的、可以直接观测得到的一些特征来近似地描述(替代)的情况。通过在简单贝叶斯网络的基础上引入一些隐藏节点,从而使得原先节点之间的强相关性转变为隐藏节点之间的弱相关性,进而可以更好地满足“天真独立”的假设条件。另一方面,人们可以更好地理解节点(特征)之间的相互关系,更加有效地解决问题。从实验中可以看到,带有隐藏节点的贝叶斯网络的分类精度最高可以达到 85.16%。

(3)树型贝叶斯网络放宽或松弛“天真独立”的假设条件，允许类别节点下的特征子节点之间存在一定的依赖关系(有向边)，这种树型贝叶斯网络可以更好地描述现实世界的真实情况，这是由于它顾及了特征之间的强相关性的情况，并且具有一定的通用性，在理论上要优于多级贝叶斯网络和带有隐藏节点的贝叶斯网络。实验与分析表明，树型贝叶斯网络明显优于简单贝叶斯网络，而且比多级贝叶斯网络更加适合于实际的应用，而带有隐藏节点的贝叶斯网络方法虽然在算法方面相对简单一些，但在分类精度方面，平均要比树型贝叶斯网络低 3.05%。因此，树型贝叶斯网络拥有更高、更稳定的分类精度，而且具有广泛的应用前景。

第5章 引入图像语义信息的贝叶斯网络的航空影像纹理分类方法

人们在社会生活中对事物不断地实践、不断地加深认识。这一认识过程就是在实践中对事物不断地加以了解、加以区别，区别的过程就是认识的过程。分类就是人们区别事物，认识事物本质和内在联系的一种手段和方法（张永兴，1994）。分类是根据事物的同和异，把事物集合成类的过程。因此，在分类过程中，首先要解决事物的区别（即特征，某一事物与其他事物的区别），其次是把事物集合成类。事物的异同现象反映事物的个性，而类同现象是人类进行抽象（思维）的基础。类同现象是人们集中了各种事物的共性，凡是有共性的事物都可以划分成一类。对于同一事物集合，如果按照不同的共性（分类标准或特征）进行划分，其分类结果就会千差万别。

影像分类的关键问题之一是提取影像的特征。事实上，无论是地物的目标识别还是分类，特征具有举足轻重的作用。特定的目标总是与相应的特征相联系的，只要选择并提取合适的特征，在一定程度上就能把某一目标与其他目标区别开来。虽然人们对影像分类问题的研究已经有半个多世纪，并取得了大量的研究成果，但仍然不能达到实际的生产要求。其主要原因在于：目前已有的影像分类方法大都采用没有实际物理意义（或语义信息）的低层视觉特征（如纹理、形状、颜色等统计特征），在分类前人们不能从根本上解释选择什么样的特征可以获得更高的分类精度。此外，虽然人们能够找到区别不同类别属性之间的“本质特征”（或者语义特征），但还不能用适当的数学语言对其加以描述，以便计算机能够对它们进行有效的处理，图像语义信息（特征）的研究和提取一直以来都是一个相当困难的问题。近些年，人们尝试由低层特征推理高层语义特征以进一步提高影像分类的精度。

在航空影像中，居民地和灌木是两种典型的地物，本章将针对这两种特殊的地物，提出两种简单图像语义信息的直接提取方法，一种是基于后验概率的简单图像语义信息的提取方法，并借助于贝叶斯网络的优势，把提取的简单图像语义信息和其他纹理特征有机地“揉合”在一起进行分类；另一种是基于图像分割的简单语义信息提取方法。

§5.1 图像语义信息

从计算机角度来说，计算机本身并没有智能，它的智能都是“假”的，是人类给它安装上去的，所以计算机语言最大的特点是形式化，计算机语言的形式化分为语法形式化和语义形式化两个方面。众所周知，计算机存储、传输和处理的都是 0 和 1 的二进制数据。简单的说，数据就是符号。数据本身并没有任何意义，只有被赋予含义的数据才能够被使用，这时候数据就转化为信息，而数据的含义就是语义。语义可以简单地看做数据所对应的现实世界中事物所代表概念的含义，以及这些含义之间的关系，它是数据在某个领域上的解释和逻辑表示(Chou et al,2006)。由于信息概念具有很强的主观特征，目前还没有一个统一和明确的解释，我们可以将信息简单地定义为被赋予了含义的数据，如果该含义(语义)能够被计算机所“理解”(即指能够通过形式化系统解释、推理和判断)，那么该信息就是能够被计算机所处理的信息(Liu et al,2007)。

从认知的角度，可以把信息分为语法信息、语义信息和语用信息。这些概念是从符号学中引申而来。符号学的研究可以分为三个层次，分别代表了三种不同的抽象水平(钟义信,2002)。

(1)语法学:研究符号与符号之间的关系。

(2)语义学:研究符号与实体之间的关系。

(3)语用学:研究符号与使用者之间的关系。

这三者不是相互独立的，而是相互重叠的。语用学包含语义学，语义学包含语法学。

由于主体具有观察力，能够感知事物运动状态及其变化方式的外在形式，由此获得的信息称为语法信息(或狭义信息)。容易看出，狭义信息只涉及符号及符号之间的统计关系，因此属于语法信息的层次。而由于主体具有理解力，能够领悟事物运动状态及其变化方式的逻辑含义，由此获得的信息称为语义信息。语义信息涉及信息本身的含义及其逻辑上的真实性和精确性，但是它并不考虑信息使用者个人的主观因素。而语用信息则不同，它是由于主体具有明确的目的性，能够判断事物运动状态及其变化方式的效用，由此获得的信息称为语用信息。语用信息涉及信息的价值和效用，它对收信者和发信者的依赖性更强，因此其涉及信息过程的心理方面。同时，语用信息与时间有着密切的关系。

语法信息、语义信息、语用信息三位一体的综合，构成了认识论层次上的全部信息，称为全信息或称为广义信息。这种信息包含人类器官所能感知的一切有意义的东西，它是事物存在的方式(或运动状态)及这种方式(运动状态)的直接或间接的表达(钟义信,2002)。目前，关于广义信息的研究仅仅处在初始阶段，它还在探索和发展之中。

广义信息应当理解为事物运动的状态及其表达。在研究工作中许多人发现，若要对广义信息进行数学的描述和度量，将会遇到极大的困难。因为，作为事物运动状态表现的广义信息，既具有一定的形式又具有一定的内容。数学是刻画运动形式的工具，这里不存在原则上的困难。但是，如何从数学上定量地刻画内容，至今还是一个巨大的难题。一般的情形是用数学来表示形式，用语言来描述内容。

其实，语义具有领域性特征，不属于任何领域的语义是不存在的。图像是人对视觉感知的物质再现，也是客观实体的一种表示，它具有信息丰富、形态逼真、传输速度快、作用距离远等优点，是人们获取信息最重要的来源。人们在观察一幅图像的时候，存在一个大致的概念，这个概念建立在图像所描述的对象上，而不是颜色、纹理等视觉特征，这需要对图像含义的理解。这些含义就是图像的语义信息（特征），它包含了人对图像内容的理解，这种理解是无法直接从图像的视觉特征获得的，而要根据人的知识来判断。人与计算机的本质不同就在于人观察图像时结合了日常生活中积累的大量的经验，观察图像的同时也是一个利用知识推理图像语义信息的过程。然而，目前还没有一个统一、公认的图像语义信息的明确定义，不同的学者从不同的角度提出了不同的看法。《大辞海》中关于语义信息和非语义信息的定义如下（夏征农 等，2005）。

语义信息：用命题逻辑集合谓词逻辑形象直观地描述事物运动状态和方式的信息。包括物体的状态、位置、结构性质，以及它们的变化。它是影像解译和影像分类过程中可利用的重要信息。

非语义信息：语法信息和语用信息等的集合。语法信息是表示事物运动状态和方法的形式化关系的信息，包括概率信息、偶发信息、确定信息和模糊信息四种。语用信息是表示事物运动状态和方式相对于某种目的取得的效果信息。主要应用于影像判读和影像分类。

实际上，不管图像的语义信息是如何定义的，人们对图像的理解所产生的语义，必须通过一定的方式表达出来以供计算机处理。目前，图像语义信息的提取主要有三种方法：①利用外部信息提取图像语义信息；②基于人机交互的方式提取图像语义信息；③基于知识库的方法提取图像语义信息（王惠锋 等，2002）。

外部信息的图像语义信息提取是指从图像附加的其他相关信息中提取图像的语义信息，可以是图像出处的其他信息，如文件名、URL、摄像的时间、光圈的大小、焦距和曝光的时间等。而最常见的方法就是现在广泛应用的人工标引方法。它的优点是表达信息直观，易于计算机处理，能够描述高层次的概念；缺点是信息组织难度大，而且存在主观性和不确定性。在图像检索领域中，比较典型的系统有Yahoo，Google等。

基于人机交互的方式提取图像语义信息，是指从用户和系统的交互中，让系统学习并修正图像库的语义描述。在目前的系统中主要通过相关反馈技术来实现，这是一种间接提取图像语义信息的方法。相关反馈技术一方面可以让系统更加准确地把握用户的需求，另一方面也可以建立和修正与图像相关联的高层概念。目前，比较典型的系统是 iFind（朱兴全 等，2002），它将语义映射和相关反馈技术有机地结合起来，利用相关反馈帮助建立语义映射网络，而语义映射网络则反过来帮助语义层次进行更好的相关反馈。

基于知识库的方法提取图像语义信息方法可以分为两种形式。

(1)事先给系统提供必要的知识，如对象模板、场景分类器等，然后由系统通过识别对象之间的关系来理解图像，生成对应的语义信息。其主要的手段有：图像分割、模式识别、对象空间位置关系的判断等。然而，图像分割和模式识别都是相关领域内的难题，通过这个渠道来获取图像的语义信息还比较困难。

(2)基于情感语义和形象风格的特征提取。这种方法涉及一些人的主观成分和公认的美学标准，以及一些心理学和认知学方面的知识。比如：红色为主色调的图像多代表热情、奔放、温暖等方面的语义；柔顺线条多代表平静、和谐等方面的语义；尖锐棱角和折线多代表富有活力和运动方面的语义等。

利用知识库的方法提取图像的语义信息，现在还没有实用的系统出现。但它却是目前研究的主要目标和方向，有着深远的意义。

图像经过人的视觉系统传送到大脑，经过心理响应过程。这个过程不单单反映了图像本身客观存在的语义信息，还包含观察者对图像的主观信息感知(王惠锋，2002)。通常人们在判别图像的相似性时并非建立在图像低层视觉特征的相似性上，而是建立在对图像所描述的对象或事件的语义理解的基础上。这种理解无法从图像的视觉特征直接获得，它需要使用人们日常生活中积累的大量经验和知识来进行推理和判断。正是由于计算机获取的图像的视觉信息与用户对图像理解的语义信息不一致才导致了低层视觉特征和高层语义特征之间的距离，称为"语义鸿沟"(Mojsilovic et al，2004)。因此，要想有效地缩小"语义鸿沟"，必须使得计算机能够在低层视觉特征基础上准确地获取图像的语义信息。

事实上，目前关于图像的语义，有两种截然相反的观点：①语义是图像固有的属性，可以根据视觉特征提取语义或建立语义模型；②图像本身并没有任何语义，语义是即时产生的，即只有人看到图像时，图像的语义才会形成。这两种观点反映了图像语义的一个重要特性：多层次性。图像的语义根据从具体到抽象的顺序大致可以分为三个层次，可用图 5-1 来简单描述，其中的每一部分对应于图像的一个语义层次，图中的箭头表示语义的级别。最低层的是视觉特征层，它包括颜色、纹理、形状和大小等统计特征。这个层次从本质上来说，基本上没有图像的语义信息。中间层是利用低层特征进行一定的推理导出的对象层。而最高层语义概念层涉及图像的抽象属性(如行为、情感等)，需要对所描述的对象和场景的含义和目标进行更深层地推理。许多学者将对象层与语义概念层一起称为"语义层次"，并把特征层和"语义层次"之间的差别称为"语义鸿沟"(王惠锋，2002)。这种模式最大的问题是如何分割出图像中的对象，以及如何使得对象模型具有广泛的适应性，这两大问题严重地限制了这种语义表达模式的应用范围。

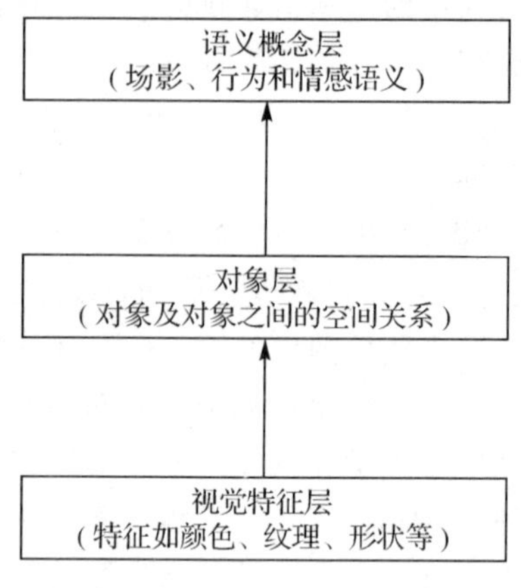

图 5-1　语义层次图

然而，Smeulders 等（2000）把图像知识的作用域分成狭义域和广义域。他们认为：在狭义域中，图像内容变化很小，整个领域的环境也很相似。当对象的外观变化较小时，图像的语义描述总体上容易定义，并且大多数情况下是唯一的。在狭义域中的图像特征和它们的语义信息之间的差距较小，这样就有可能定义特定的语义模型。此外，虽然图像的低层视觉特征与图像的语义特征之间没有直接的关系，但它们之间确实存在着客观的差距，有经验的判读员可以利用丰富的知识和技巧，通过那些低层视觉特征的"有机组合"来推断高层的语义信息。从这个角度来看，通过建立图像低层特征空间与高层语义空间之间的映射关系，可以获取图像的简单语义信息。

目前，已经有许多国内外学者对图像的语义特征进行了一些尝试性的研究工作，主要集中在图像检索和智能医学图像处理与识别两个领域。国外的学者Cavazza等（1998）根据影像中西服是单排扣还是双排扣、扣子的数量、衬衫的颜色和领带的图案等信息来判断西服的式样是正式的、休闲的还是传统的。而 Boutell 等（2004a）提出把摄影时的附加信息（如曝光的时间、光圈值、焦距的长短、摄影的时间、闪光灯的使用与否等）作为语义特征，融入到场景的检索中，最好的检索率达到 97.5%。还有学者 Serrano 等（2004）提出先用低层特征检测草地和天空在图像中出现的概率，把这种线索或先验知识作为一种语义特征用于室内、室外影像的检索中，取得 90.7%的检索率。而 Chou 等（2006）把不同专家的判断结果（经验的知识）通过层次分析法得到一个定量的描述，把这种定量的描述作为语义特征参与图像的分类或检索中，准确率有明显的提高。此外，杨育彬等（2002）将贝叶斯理论引入肺癌的分类识别中，提出一种基于贝叶斯学习理论的彩色肺癌图像语义描述模型，具有较高的肺癌分类准确率。甚至有学者如王伟凝等（2003）把图像中的颜色信息（暖色、冷色、饱和度）与纹理特征和人的情感对应起来，进行图像的情感识别的研究。

实际上，从图像中提取语义信息，目前的方法是利用先验知识将低层视觉空间映射到高层语义空间。但是面临着三个主要的困难：一是如何描述高层语义特征，它不能仅仅只是一些文字的注释（即文本的形式），而且它应该能够被量化，从而使得计算机能够进行处理（运算和推理）；二是找到一种能够将低层视觉特征映射到高层语义特征的数学模型；三是基于语义特征的处理（或分类）方法。

针对航空影像中居民地和灌木两种特殊地物，本章提出两种直接提取简单的图像语义信息的方法。一种是基于后验概率的语义特征提取方法，它利用居民地影像中的状态信息（居民地影像中存在形状比较规则的房屋和道路）来提取图像的语义信息。这种方法先提取居民地影像中的低层视觉特征，接着根据所提取的低层视觉特征设计一个关于房屋（或道路）的最大似然分类器；然后，通过该分类器可以映射得到居民地影像中的图像语义信息，即图像中存在房屋或道路的状态信息，并用上述的分类器计算得到的概率大小来定量刻画这种简单的图像语义信息；最后，把提取的图像语义信息作为一个节点，并且把这个节点与通常提取的纹理特征（节点）视为地位"同等"而引入到贝叶斯网络中进行分类。另一种是基于图像分割的简单语义信息的提取方法，它是利用灌木这类自然地物具有明显的随机性这个结构性质提取图像的语义信息。这种方法先通过图像分割算法得到地物的边界（或边缘）信息，接着计算出边界上每一像素的方向大小，并统计得到关于所有边界像素的方向大小的直方图，巧妙地将灌木边界具有明显随机性这一结构性质转换为边界像素的方向直方图是否服从均匀分布的假设检验问题，最后通过 χ^2 拟合优度检验的假设检验方法来识别灌木影像。

§5.2　引入后验概率的简单语义信息的分类方法

对图像内容进行描述时，大多直接从图像数据中分析提取低层视觉特征，而人对图像内容的理解无法直接从图像数据中获得，要根据人的知识来判断。这个过程结合了日常生活中积累的大量经验，而低层特征无法直接反映这些经验和知识（Wang et al，2005）。一般而言，只有通过图像分割，才能有效地获取图像的语义信息，然而有效的图像分割仍然还是一个有待解决的问题，尽管人们已经在图像分割领域做了大量的研究工作。此外，航空影像比医学影像或日常生活中的场景影像内容更加丰富。航空影像中的居民地和灌木是常见的两类地物。由于灌木是一种自然地物，它的随机性是比较明显的。而居民地是一种人工地物，有着明显的人为活动的痕迹，从而一定存在着形状比较规则的房屋和道路，因此利用一种基于后验概率的语义特征提取模型，可巧妙地回避图像分割的问题。该方法先提取低层视觉特征（结构性纹理特征），接着利用提取的结构性纹理特征设计一个房屋或道路的最大似然分类器，通过分类器映射可以得到图像的语义信息，即待分类影像中存在房屋或道路的状态信息，与此同时用概率的语言来进行定量地描述，并把这种先验知识（或信息）作为一种语义特征（节点），然后借助于贝叶斯网络能够融合各种不同类型特征的优势，把其他的能够反映自然随机性的统计性纹理特征和上述提取的语义特征“一视同仁”地有机地融入到贝叶斯网络中，从而进行航空影像的纹理分类。

5.2.1　数学模型

人工地物常常有着标准的外形、典型的尺寸，以及与周围环境有着清晰明确的相互关系。从识别的角度来看，地物的细部、它们的性质和数量提供了有关复杂地物的概念，为区别其他地物提供了判断的依据。居民地是居民聚居的地方，它是一种人工地物，它的要素有房屋、道路（街区）和公园等，这些要素通常都有着规则的几何外形，根据这些特点可知结构性的纹理特征对识别它们比较有效。由于在实验中，主要是对航空影像中的居民地和灌木进行分类，所以设计了一个关于房屋信息的语义特征提取模型。该模型采用的低层视觉特征有分形和基于小波变换的特征，把它们记为 $\boldsymbol{Y}$。从而，可以通过分类器模型建立映射关系，即

$$f(\boldsymbol{Y},\boldsymbol{h}):\boldsymbol{Y}\times\boldsymbol{h}\rightarrow\boldsymbol{R} \tag{5-1}$$

式中，$\boldsymbol{Y}$ 表示待分类影像中所提取的低层视觉特征，$\boldsymbol{h}$ 表示从房屋影像中提取的低层视觉特征，$\boldsymbol{R}$ 表示从低层视觉特征映射得到图像语义特征，也即影像中存在房屋的概率大小。

由于采用的是最大似然分类器模型，所以上述映射关系的具体函数形式为

$$f(\boldsymbol{Y},\boldsymbol{h})\propto f(\boldsymbol{h}|\boldsymbol{Y})=(2\pi)^{-\frac{m}{2}}|\boldsymbol{\Sigma}|^{-\frac{1}{2}}\mathrm{e}^{-\frac{(\boldsymbol{Y}-\boldsymbol{\mu})^{\mathrm{T}}\boldsymbol{\Sigma}^{-1}(\boldsymbol{Y}-\boldsymbol{\mu})}{2}} \tag{5-2}$$

式中，$f(\boldsymbol{Y},\boldsymbol{h})$ 正比于 $f(\boldsymbol{h}|\boldsymbol{Y})$；$\boldsymbol{Y}$ 为 m 维的特征向量（所提取的 m 个低层视觉特征），$\boldsymbol{\mu}$ 和 $\boldsymbol{\Sigma}$ 分别为从房屋影像的训练样本中学习得到的样本均值向量和样本协方差矩阵。通过式(5-2)右边的计算可以从低层视觉特征 $\boldsymbol{Y}$ 映射出待分类影像中的语义特征（居民地的状态信息），也即待分类影像中存在房屋的后验概率大小 $f(\boldsymbol{h}|\boldsymbol{Y})$。

通过关于房屋信息的语义特征提取模型，便可以得到待分类影像中是否存在房屋的语义特征，并用概率的形式定量地进行描述。经过上述的映射关系，就可以实现低层视觉特征到高层语义特征之间的映射。然后，利用贝叶斯网络有机地融合低层视觉特征和高层语义特征的优点，把它们“同等对待”，并有机地“揉合”在一起。最后，用贝叶斯网络建立更高一层的映射关系 f'，用于航空影像的纹理分类。

对于自然地物来说，轮廓形状有着随意性，并且在地面上的分布不存在严格的次序性。灌木是指树身矮小，没有明显主干，近地面处生出许多枝条或为丛生状

态，它是一种自然地物，因此统计性的纹理特征对识别灌木比较有效。在本小节的实验中，提取的统计性纹理特征有基于灰度共生矩阵的特征、偏度、峰度和信息熵，从某种意义上来说，这些特征弥补了所提取语义特征的一些不足，可以进一步提高分类的精度。此外，由于上述提取的高层语义特征实际上是待分类影像中存在房屋的信息，它刻画或反映了居民地影像中的状态信息，而且用概率的语言进行定量的描述，所以可以把这个语义信息作为一个节点 X_n，与通常所提取的低层视觉特征（统计性纹理特征）“一视同仁”地引入到贝叶斯网络中，从而组成一个新的特征向量 $\boldsymbol{X}=[X_1 \quad X_2 \quad \cdots \quad X_{n-1} \quad X_n]$，把这些节点都作为贝叶斯网络的节点构建引入图像语义信息的贝叶斯网络，这种贝叶斯网络不同于一般的贝叶斯网络，因为一般的贝叶斯网络中所有的特征节点都是低层的视觉特征，没有类似于上述提取的高层语义信息的特征节点。

在图 5-2 中，把语义特征作为一个节点(X_n)引入到贝叶斯网络中进行影像的分类，其映射关系可以表示为

$$f'(\boldsymbol{X},\boldsymbol{X}_\Omega):\boldsymbol{X}\times\boldsymbol{X}_\Omega\rightarrow\Omega \tag{5-3}$$

式中，$\boldsymbol{X}_\Omega$ 为代表每一类的数字特征（样本均值和样本协方差矩阵）；Ω 为类别空间，在本小节的实验中，C_1 表示灌木，C_2 表示居民地，则 $\Omega=\{C_1,C_2\}$。由于贝叶斯网络中根节点下的所有子节点条件独立的假设，因此所有节点的联合概率为

$$P(C,X_1,X_2,\cdots,X_n) = P(C)\prod_{i=1}^{n}P(X_i \mid \pi(X_i)) \tag{5-4}$$

因而，引入语义信息后的贝叶斯网络的后验概率的具体函数关系为

$$f'(\boldsymbol{X},\boldsymbol{X}_\Omega) \propto f'(C_k \mid X_1,X_2,\cdots,X_n) = \alpha P(C_k)\prod_{i=1}^{n-1}P(X_i \mid \pi(X_i))P(X_n \mid \pi(X_n)) \tag{5-5}$$

式中，α 为归一化常数；$k=1,2$，分别表示灌木和居民地。

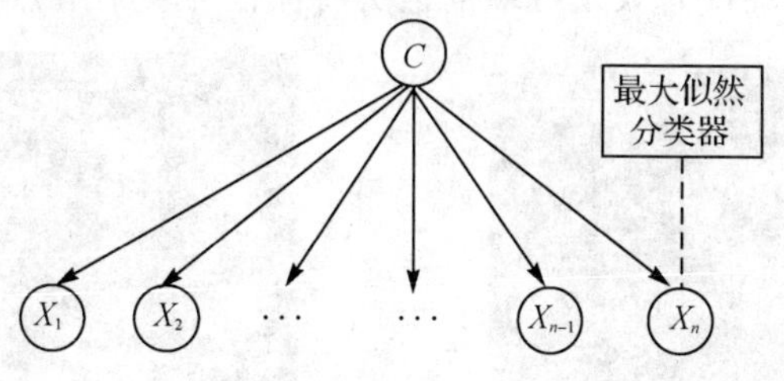

图 5-2 引入简单语义信息的贝叶斯网络

根节点 C 下的子节点可以是相同类型的特征变量，也可以是不同类型的特征变量，如离散特征和连续特征、统计性特征和结构性特征或者低层视觉特征和高层语义特征。这正是贝叶斯网络的一个优点：无论是何种类型的特征变量，它们都可

以通过上述的映射关系有机地结合在一起，参与后验概率的计算。

通过上述的两种映射关系即式(5-2)和式(5-5)，便实现了基于语义特征和贝叶斯网络的影像分类方法。为了更好地表述它在航空影像分类中的应用，现将大致步骤归纳如下。

(1)简单语义特征提取，即在房屋影像的训练样本中提取结构性的纹理特征 $\boldsymbol{Y}$，并估计出样本均值向量 $\boldsymbol{\mu}$ 和样本协方差矩阵 $\boldsymbol{\Sigma}$，从而根据式(5-2)得到影像中关于房屋的语义特征 X_n。

(2)低层特征提取，也即在居民地和灌木影像中提取统计性的纹理特征 X_1、…、X_{n-1}。

(3)把影像中关于房屋的语义特征和其他的低层特征作为子节点，“同等”地引入到贝叶斯网络中(如图 5-2 所示)。

(4)按式(5-5)依次计算待分类影像属于灌木和居民地的后验概率 $P(C_k|X_1,X_2,\cdots,X_n)$。

(5)按照后验概率最大原则进行判别，即类别属性 C^* 为 $\max\limits_k\{P(C_k|X_1,\cdots,X_n)\}$。

(6)根据测试样本得到混淆矩阵，进行精度评定。

5.2.2 实验与分析

为了验证语义特征在分类应用中的正确性和有效性，在实验中选取了 10 幅武汉地区的 23 cm×23 cm 的黑白航空影像，根据野外调绘的结果，对这 10 幅大的航空影像人工分割为 100 像素×100 像素的小幅图像，并将它们分成五类即灌木、居民地、农田、河流和山地。为了更好地体现出语义特征的效果，实验只是选取了灌木(43 幅)和居民地(54 幅)两类，图 5-3 显示了每类中具有代表性的一幅样本影像。在实验中，把自动或者人工提取的语义特征作为一个节点，与通常所提取的低

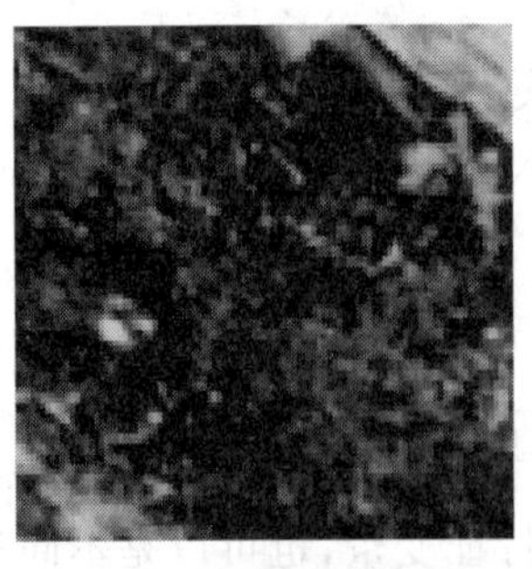

(a) 灌木

(b) 居民地

图 5-3 灌木与居民地的样本影像

层视觉特征一起引入贝叶斯网络中并构建相应的贝叶斯网络,从而进行航空影像的纹理分类。与此同时,对未引入语义特征、自动引入语义特征和人工引入语义特征三种情况进行比较与分析。自动提取语义特征是提取影像中存在房屋的概率大小,这个语义特征是由映射关系即式(5-2)计算得到的。然而,由于目前自动提取的语义特征还不够完善,所以在实验中采用人工的方式进行语义特征的提取(即根据待分类影像的实际情况,人为地给定灌木影像中出现房屋的概率为 0.2,而居民地影像中存在房屋的概率为 0.8)。实验结果见表 5-1 和表 5-2,并得到如下结论。

表 5-1　引入语义特征前后的精度比较

语义特征引入情况	灌木	居民地	总的精度	Kappa 系数	错分样本数
未引入语义特征	0.953 5	0.870 4	0.907 2	0.814 2	9
自动引入语义特征	0.953 5	0.944 4	0.948 5	0.895 8	5
人工引入语义特征	0.976 7	0.963 0	0.969 1	0.937 5	3

(1)从总体上来说,自动引入语义特征后分类精度有所提高。

表 5-1 列出了 3 种方法在总的分类精度(计算公式见 4.2.2 小节)方面的比较。从表 5-1 中可以看到,未引入语义特征得到的总的分类精度为 0.907 2,而自动引入语义特征后总的分类精度为 0.948 5,提高了 4.13%,效果比较明显。如果人工引入语义特征,则分类精度可以达到 0.969 1,这是比较理想的情况。在表 5-2 中,第一列为样本的序号;第二列为样本的地面真实属性,1 表示灌木,2 表示居民地;后面 6 列分别为未引入语义特征和引入语义特征(自动和人工)前后的后验概率,P_1 和 P_2 分别表示属于灌木和居民地的后验概率。从表 5-2 中也可以看到,对于序号为 44 的样本来说,在未引入语义特征之前,属于灌木和居民地的后验概率分别为 0.609 52 和 0.390 48,按照最大后验概率准则,就把该样本错判为灌木。然而在引入语义信息后,后验概率便发生了相应的变化,分别为 0.392 91 和 0.607 09;同样地,按照后验概率准则,该样本就可以被正确地判为居民地,类似的情况还有样本 52、样本 53 和样本 60。

实际上,语义特征更符合人类对图像内容的理解,更适合对视觉内容的匹配,有利于提高分类的准确性。在表 5-2 中可以看到,未引入语义特征之前,错分的样本有 9 个,样本序号分别为 14、29、44、49、50、51、52、53、60。然而在引入语义特征之后,错分的样本个数减少为 5 个,样本序号分别为 14、29、49、50、51。如果人为地引入地面真实的语义特征,错分的样本个数还可以进一步减少为 3 个,样本序号分别为 29、49、50。

(2)自动提取语义特征的方法还有一定的不准确性和不可靠性。

在表 5-2 中,对于序号为 14 的样本来说,由于自动引入语义特征不及人工引入语义特征那么准确、可靠,所以虽然自动引入语义特征,但是该样本仍然不能被正确地识别。这是由于语义特征受模糊性和一些不确定性因素的影响,而且语义特征和低层特征并不是一一对应的关系,也就是说相似的低层特征可能代表不同的语义概念,而不同的低层特征却可能对应相似的语义内容。因此,如何解决自动引入语义特征在有些时候具有模糊性或者不准确性的问题,应是以后需要进一步研究的内容,即提高自动引入语义特征的准确性和可靠性,使得能够达到人工引入语义特征的准确程度和可靠程度。

表 5-2 在引入语义信息前后的后验概率比较

样本的序号	地面的属性	未引入语义信息		自动引入语义信息		人工引入语义信息	
		P_1	P_2	P_1	P_2	P_1	P_2
12	1	0.894 34	0.105 66	0.820 51	0.179 49	0.974 72	0.025 28
13	1	0.650 20	0.349 80	0.757 57	0.242 43	0.894 38	0.105 62
14	1	0.468 61	0.531 39	0.269 77	0.730 23	0.800 69	0.199 31
29	1	0.102 22	0.897 78	0.095 55	0.904 46	0.341 53	0.658 47
44	2	0.609 52	0.390 48	0.392 91	0.607 09	0.255 20	0.744 80
49	2	0.841 48	0.158 52	0.641 89	0.358 11	0.538 15	0.461 85
50	2	0.824 04	0.175 96	0.676 59	0.323 41	0.506 91	0.493 09
51	2	0.802 10	0.197 90	0.587 82	0.412 18	0.470 81	0.529 19
52	2	0.578 42	0.421 58	0.459 98	0.540 02	0.231 46	0.768 54
53	2	0.622 01	0.377 99	0.456 36	0.543 64	0.265 37	0.734 63
60	2	0.630 00	0.370 00	0.403 85	0.596 15	0.272 07	0.727 93
61	2	0.368 15	0.631 85	0.389 20	0.610 80	0.113 39	0.886 61
62	2	0.462 90	0.537 10	0.275 43	0.724 57	0.159 09	0.840 91

(3)自动引入语义特征可以使得大部分样本的后验概率的不确定性减少,而人工引入语义特征可以使得所有样本的后验概率的不确定性大大地减少。

在表 5-2 中,对于序号为 13 的样本来说,在未引入语义特征之前,属于灌木和居民地的后验概率分别为 0.650 20 和 0.349 80,相应的熵(即不确定性,计算公式为 $-\ln P_i \sum P_i$)为 0.933 9;在自动引入语义特征后,后验概率分别为 0.757 57 和 0.242 43,相应的熵为 0.799 1;在人工引入语义特征后,后验概率分别为 0.894 38 和 0.105 62,相应的熵为 0.486 6。类似的样本还有表中的样本 62。然而,也有一小部分样本(比如表 5-2 中的样本 12 和样本 61)由于自动引入语义特征还不够准确,导致不确定性有略微的增加,但对于人工引入语义特征的情况,不确定性都减小。

对于影像分类来说,语义特征的提取是一项非常具有挑战性的研究工作。本小节针对航空影像中的居民地和灌木两种特殊的地物,提出了一种基于最大似然分类器的语义特征提取模型,并在航空影像纹理分类中进行了尝试,这种低层特征与高层语义特征之间的映射方法也可以用其他的方法代替。实验中，自动提取语义特征与人工提取语义特征在分类应用中进行了比较。实验与分析表明：通过最大似然分类器建立图像的低层特征与简单的语义特征之间的映射关系是可行和有效的，但是自动提取的语义特征还远不及人工提取的语义特征准确、可靠。此外，从另一个角度来看，把低层视觉特征与语义特征有机地结合起来比仅利用低层特征更接近于人的视觉理解。影像的语义比较广泛，而本小节提出的方法没有经过图像分割的过程，只是提取了简单的图像语义特征。由于图像理解技术发展水平和对认知理解水平的限制，更好的符合人类思维的语义特征的自动提取还有待于更进一步地探索和研究。

§5.3　引入图像分割的简单语义信息的分类方法

边缘是图像的基本特征，包含着有价值的目标边缘信息，反映了图像中物体的形状和布局，带有一定的语义信息，是视觉感知的重要线索，因此人们很容易通过边缘特征来识别物体（王伟凝，2005）。对于自然起源的地物来说，有着轮廓形状的随机性，并且在地面上的分布不存在严格的次序性，但是，同样一种自然地物表面的外部是相当类似的（Jiang，2007）。而人工起源的地物常常有着规则的形状和典型的尺寸，并且与周围环境有着清晰明确的相互关系（日维钦 等，1988）。在航空影像中的居民地和灌木是常见的两类地物。灌木是自然地物中的一种典型地物，它是一种在自然状态下生长的，而且人类干预很少的自然地物，从而具有明显的边缘方向随机性，即方向均匀分布的特征（Pham et al，2006）。相反，居民地是人工地物的一种代表地物，有着明显的人为活动和改造自然的痕迹，存在着形状比较规则的房屋和道路等，它们的一个重要特征是边缘通常存在着一些相互平行（道路的两边相互平行）和相互垂直（矩形的房屋）的线段（Guerin-Dugue et al，2000）。而对于人眼系统来说，直线、垂线和平行线，都是比较显著的特征，它们可以作为区分人工地物与自然地物的有效特征（Boutell et al，2004b）。上述这些特征反映出自然地物（灌木）和人工地物（居民地）的结构性质，从而可以用数学的方法加以描述并作为图像的语义信息提取出来。

基于上述分析，这里提出一种基于图像分割的简单图像语义信息的提取方法，把它用于航空影像中灌木和居民地的分类。该方法先通过 Canny 边缘检测器来提取影像的边缘像素点，同时由边缘点的方向导数得到每个像素点的方向大小，接着统计图像中所有边缘像素点关于方向大小的直方图（后面简称方向直方图）。由于灌木是一种自然地物，它的边缘具有明显的随机性，因而各个方向出现的可能性从理论上来说应大致相同，或者说各个方向出现的概率基本相同，这可以反映出灌木这类地物的结构性质，进而可以把它作为图像的语义信息提取出来。因此，可以通过统计得到的方向直方图的分布是否服从均匀分布来判别影像是否属于灌木。实验与分析表明，与传统的最大似然方法相比，该方法对于识别灌木和居民地两类地物是十分有效的，并对高斯噪声和乘性噪声具有一定的抗噪能力，而且受影像分割质量的影响较小。此外，还有一个很重要的特色是该方法不需要训练样本，并省略了训练过程，特征提取后直接进行灌木和居民地的判别。这是因为该方法把人们在目视判读过程中利用的一些简单经验知识（或语义信息）巧妙地抽象（转换）为边缘像素的方向直方图是否服从均匀分布这一假设检验问题（χ^2 拟合优度检验），从而把目视判读的部分经验知识、特征提取和地物的识别有机地融为了一体。

5.3.1 数学模型

1. Canny 算子和边缘方向直方图

1986 年，Canny（1986）提出边缘检测算子应满足以下三个判断准则：信噪比准则、定位精度准则、单边缘响应准则，并由此推导出了最佳边缘检测算子——Canny 算子。Canny 算子在边缘检测方面获得了良好的效果，很快就成为评价其他边缘检测方法的标准（王艳妮 等，2004）。Canny 边缘检测器是高斯函数的一阶导数，是对信噪比与定位的乘积的最优化逼近算子（贾云得，2000）。在本小节中用 $I(x,y)$ 表示图像，利用可分离滤波方法对图像和高斯平滑滤波器 $g(x,y;\sigma)$ 进行卷积，得到一个已平滑的数据 $G(x,y)$，即

$$G(x,y)=g(x,y;\sigma)*I(x,y) \tag{5-6}$$

式中，σ 是高斯函数的散布参数，它控制着平滑程度。

平滑后计算 $G(x,y)$ 的梯度，用 2×2 的一阶有限差分近似式来计算 x 和 y 的偏微分值 $P(x,y)$ 和 $Q(x,y)$，其公式为

$$P(x,y)=\frac{\partial G(x,y)}{\partial x}\approx\frac{G(x,y+1)-G(x,y)+G(x+1,y+1)-G(x+1,y)}{2} \tag{5-7}$$

$$Q(x,y)=\frac{\partial G(x,y)}{\partial y}\approx\frac{G(x,y)-G(x+1,y)+G(x,y+1)-G(x+1,y+1)}{2} \tag{5-8}$$

在这个 2×2 正方形内求得有效差分的均值，用于在图像中的同一点计算 x 和 y 的偏导数梯度。幅值和方向角可以用直角坐标到极坐标的坐标转换公式来计算，即

$$M(x,y)=\sqrt{P^2(x,y)+Q^2(x,y)} \tag{5-9}$$

$$\theta(x,y)=\arctan\frac{Q(x,y)}{P(x,y)} \tag{5-10}$$

式中，$\theta\in[-90°,90°]$，而边缘像素点的方向梯度角 θ 与该点的边缘线条方向 φ 垂

直，所以线条方向 $\varphi(x,y)=\theta(x,y)+90^\circ$，$\varphi\in[0^\circ,180^\circ]$。

根据图像的边缘线条方向角，可以得到线条方向角 φ 的分布直方图。由于人们对线条角度的感知具有一定的模糊性(Vailaya et al,1998)，因此以 10° 为单位对线条方向直方图进行量化。

由于灌木是自然地物的一种典型地物，它具有边缘方向分布的随机性，因此边缘方向分布应该隶属于均匀分布。而居民地是人工地物的一种代表，它通常存在一些相互平行和相互垂直的线段，从而具有明显的方向性。相互平行的线段在方向直方图中就会表现出该方向上的峰值，为了进一步反映出相互垂直线段的语义信息，可以对边缘方向直方图采用一个变换技巧，把边缘方向为 φ 与方向为 $\varphi+90^\circ$ 的两种方向视为同一个方向，即将边缘方向直方图以 90° 为中心进行对折，这样不仅可以在直方图中反映出平行线的峰值特性，而且直方图对折后也可以反映出垂直线段的特性，从而使得原先的峰值更加突出、明显，进而提高后续的均匀分布检验的准确率，减少犯假设检验中第二类错误(纳伪)的可能性。

2.均匀分布的假设检验

χ^2 拟合优度检验(χ^2 检验法(徐钟济，1985))，这是在总体分布未知时，根据样本 x_1、x_2、…、x_n 来检验关于总体分布的假设，其原假设和备择假设如下。

H_0：总体 x 的分布函数为均匀分布 $F(x)$，即影像为灌木。

H_1：总体 x 的分布函数不是均匀分布 $F(x)$，即影像为居民地。

设将 N 个观测结果分为 k 组，x_i 为第 i 组的边缘方向角度出现的次数($k=18$)。原假设 H_0 是观测结果落在第 i 组的概率为 $P_i(\sum_{i=1}^{k}P_i=1)$，则称 $m_i=NP_i$ 为第 i 组的理论频数。检验原假设 H_0 的目的在于比较观测频数 x_i 与理论频数 m_i 之间的差异是否显著。

(1)统计量的选取．其公式为

$$T=\sum_{i=1}^{k}\frac{(x_i-m_i)^2}{m_i}=\sum_{i=1}^{k}\frac{(x_i-NP_i)^2}{NP_i} \tag{5-11}$$

(2)在原假设 H_0 为真的假定下，T 近似地满足 χ^2 分布。χ^2 分布的密度函数为

$$f(x)=\frac{1}{2^{\frac{n}{2}}\Gamma(\frac{n}{2})}x^{\frac{n}{2}-1}\mathrm{e}^{-\frac{x}{2}} \tag{5-12}$$

式中，n 为 χ^2 分布的自由度。一般在 $\sum_{i=1}^{k}x_i=\sum_{i=1}^{k}m_i=N$ 的条件下，$n=k-1$。由此将 T 记为 $\chi^2(n)$。

(3)选择 χ^2 分布的临界区域 R。一般选择 χ^2 分布的右尾，即选择 $\chi_\alpha^2(n)$(上侧

α 分位点)，其含义是统计量 $\chi^2(n) > \chi_\alpha^2(n)$ 的概率为 α，即

$$\alpha = \int_{\chi_\alpha^2(n)}^{\infty} f(x)\mathrm{d}x \tag{5-13}$$

(4)做出决策。一般将 α 取得很小。事实上，若 $|x_i - m|$ 越大，则由上式确定的 $\chi^2(n)$ 的值 $\chi_0^2(n)$ 也越大，如果 $\chi_0^2(n) > \chi_\alpha^2(n)$，那么 $\chi^2(n) > \chi_0^2(n)$ 的概率 α' 有

$$\alpha' = \int_{\chi_0^2(n)}^{\infty} f(x)\mathrm{d}x \leqslant \int_{\chi_\alpha^2(n)}^{\infty} f(x)\mathrm{d}x = \alpha \tag{5-14}$$

这就出现了小概率事件。一般在仅一次实验中小概率事件是不容易出现的。若出现，则认为相差显著。从而有理由否定原假设为真，即否定边缘方向的分布不是均匀分布(无随机性)，而应该具有一定的方向性，由此可以判别影像不属于灌木，而应该属于居民地。

在使用时，N 必须注意要足够大，而 NP_i 不能太小。根据实践，要求样本容量 N 不小于 50，以及每一个 NP_i 都不小于 5，而且 NP_i 最好是在 5 以上。

为了更好地表述本小节提出的方法在灌木和居民地影像分类中的应用，现将大致步骤归纳如下。

(1)采用 Canny 边缘检测算子(即式(5-6)，$\sigma=1$)对影像进行分割，得到边缘像素集合。

(2)利用式(5-7)和式(5-8)计算每个像素 x 和 y 方向的方向导数，再由式(5-10)计算得到每个像素的方向大小 $\theta(x,y)$。

(3)统计所有像素的方向大小的直方图，在本小节的实验中分为 18 个小区间，也即 $k=18$，每 10°为一组。

(4)由式(5-11)计算得到统计量 T 的值，也即 $\chi^2(n)$ 的值。

(5)根据实际情况设定 α 的值，在实验中设 $\alpha=0.005$，而 $n=17$，由此可以查表得到 $\chi_\alpha^2(n)$。

(6)比较 $\chi^2(n)$ 与阈值 $\chi_\alpha^2(n)$ 的大小。如果 $\chi^2(n) \leqslant \chi_\alpha^2(n)$，则接受原假设 H_0，即方向直方图服从均匀分布，边缘的方向具有明显的随机性，因而判断影像为灌木；如果 $\chi^2(n) > \chi_\alpha^2(n)$，则拒绝原假设 H_0 而接受备择假设 H_1，即方向直方图不服从均匀分布，边缘方向并不具备明显的随机性，从而可以判断影像为居民地。

(7)对所有的影像进行上述的判断，最后统计分类的精度。

5.3.2 实验与分析

在实验中，从航空影像中提取 97 幅 100 像素×100 像素大小、纹理均匀的两类影像：灌木(43 幅)和居民地(54 幅)。图 5-4 显示了两类影像中各自具有代表性的样本影像。

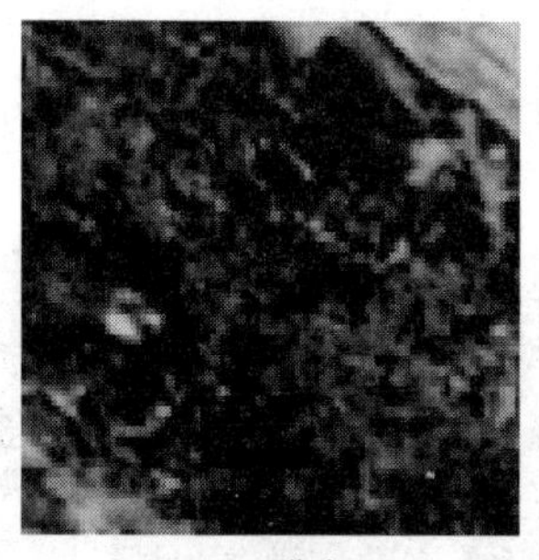
(a) 灌木

(b) 居民地

图 5-4　灌木与居民地的样本影像

1. 比较实验

为了验证引入图像分割的简单语义信息的分类方法的有效性，与当前经典的最大似然方法进行了比较。在用最大似然法进行分类中，提取了偏度、信息熵及灰度共生矩阵中的逆差矩、小波和分形 7 个特征，实验结果见表 5-3。从表 5-3 中可以看到，该方法明显优于最大似然法，总的分类精度提高了 6%。

表 5-3　两种方法的比较

采用方法	灌木	居民地	总的分类精度	Kappa 系数
最大似然法	0.814 0	0.916 7	0.850 7	0.692 4
本书的方法	0.883 7	0.958 3	0.910 4	0.812 1

2. 抗噪实验

在图像处理过程中，图像质量的好坏至关重要，它直接或间接地影响到图像处理的结果。而要考察一种算法的优劣，其重要的一个评价指标是在图像质量存在噪声的条件下，算法具有较强的抵抗噪声的能力。模拟噪声影响的实验是这样进行的：先对原始图像进行噪声污染；接着对其进行分割得到边缘图像，特征提取后对它们进行分类；然后用噪声继续污染这些图像，并逐步加大污染的程度直到不能正确识别为止；最后统计在不同污染程度下总的分类精度。在抗噪实验中，采用 3 种不同类型的噪声，分别为高斯噪声、椒盐噪声和乘性噪声。表 5-4 列出了 3 种噪声的参数，第一行的数字表示不同的噪声污染程度，其中 0 表示原始影像，无噪声污染。高斯噪声的参数是均值为 0，方差为 σ 的高斯分布噪声；椒盐噪声（或脉冲噪声）的参数是指噪声的密度或脉冲的概率，即含有噪声值的图像区域占整个图像区域的百分比；乘性噪声的参数是均值为 0，方差为 σ 的均匀分布的随机噪声。

表 5-4　不同类型噪声的参数

噪声污染程度	0	1	2	3	4	5
高斯噪声（方差 σ）	0	0.02	0.04	0.06	0.08	0.10
椒盐噪声（噪声密度）	0	0.01	0.02	0.03	0.04	0.05
乘性噪声（方差 σ）	0	0.01	0.02	0.03	0.04	0.05

表 5-5 中列出两幅代表影像在不同噪声污染下的特征值，也即由 5.3.1 小节的式(5-11)计算得到统计量 T 的值。与此同时，图 5-5 中的每一行的影像(带有1～5级不同程度污染的噪声)与表 5-5 中每一行的特征值相对应。

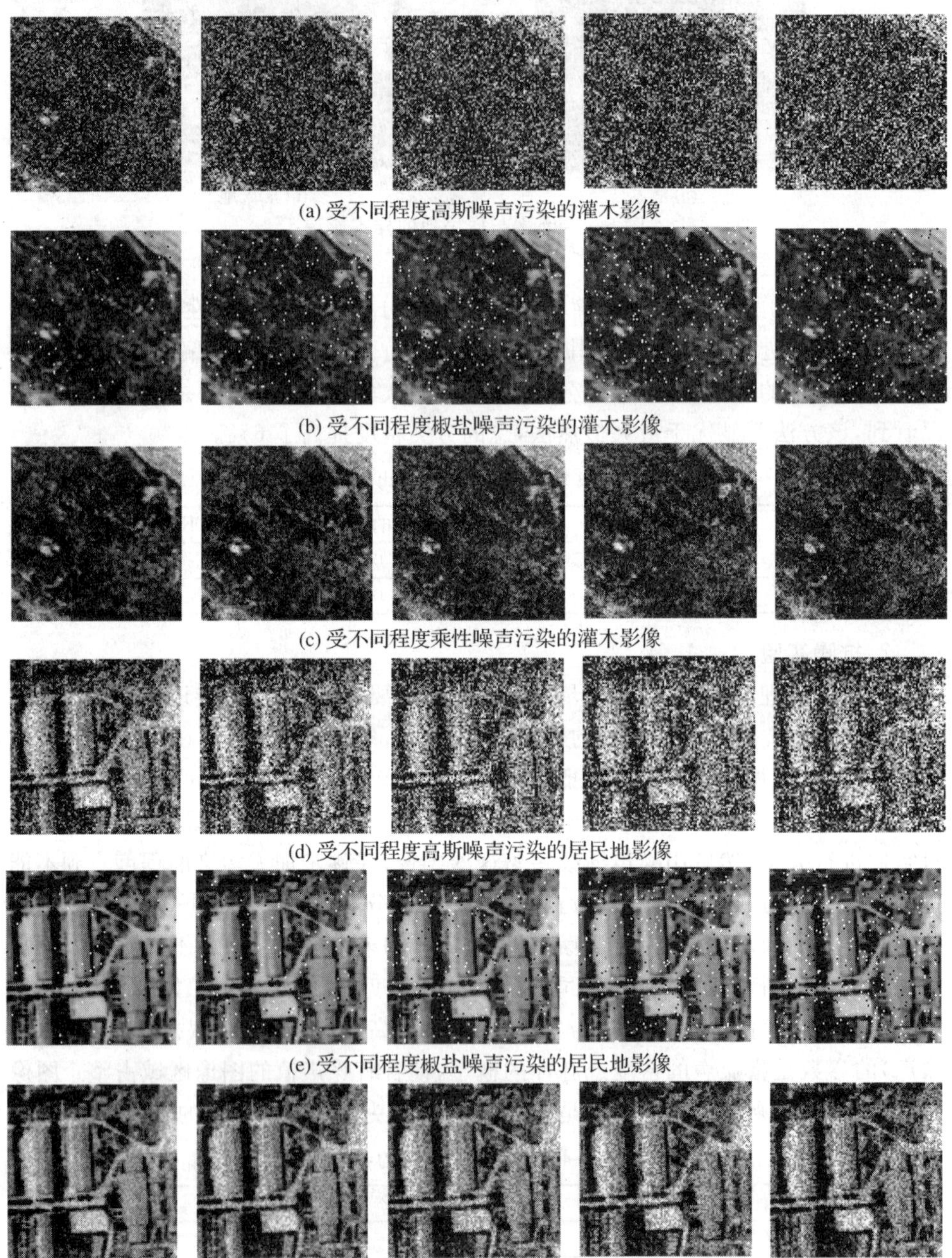

(a) 受不同程度高斯噪声污染的灌木影像

(b) 受不同程度椒盐噪声污染的灌木影像

(c) 受不同程度乘性噪声污染的灌木影像

(d) 受不同程度高斯噪声污染的居民地影像

(e) 受不同程度椒盐噪声污染的居民地影像

(f) 受不同程度乘性噪声污染的居民地影像

图 5-5 不同类型噪声下的影像

表 5-5　不同类型噪声下的特征值

影像(序号)	污染程度	0	1	2	3	4	5
灌木(39)	高斯噪声	26.261	12.143	9.893	9.959	9.759	20.349
	椒盐噪声	26.261	41.045	62.952	100.380	163.780	249.580
	乘性噪声	26.261	24.216	10.159	7.622	4.935	18.112
居民地(13)	高斯噪声	383.00	197.03	140.09	112.25	90.96	78.35
	椒盐噪声	383.00	720.02	1 054.40	1 214.20	1 477.00	1 625.10
	乘性噪声	383.00	243.33	157.14	135.37	128.15	151.68

表 5-6 是在不同类型噪声污染情况下总的分类精度，从表中可以看到，本小节提出的方法对乘性噪声的抗噪能力最强，其次是高斯噪声，而对于椒盐噪声的抗噪能力较差。图 5-6 是相应于表 5-6 更为直观的图形表示。

表 5-6　不同类型噪声下的分类精度

污染程度	0	1	2	3	4	5
高斯噪声	0.925 4	0.850 7	0.791 0	0.791 0	0.686 6	0.537 3
椒盐噪声	0.925 4	0.701 5	0.537 3	0.373 1	0.358 2	0.358 2
乘性噪声	0.925 4	0.865 7	0.850 7	0.850 7	0.806 0	0.791 0

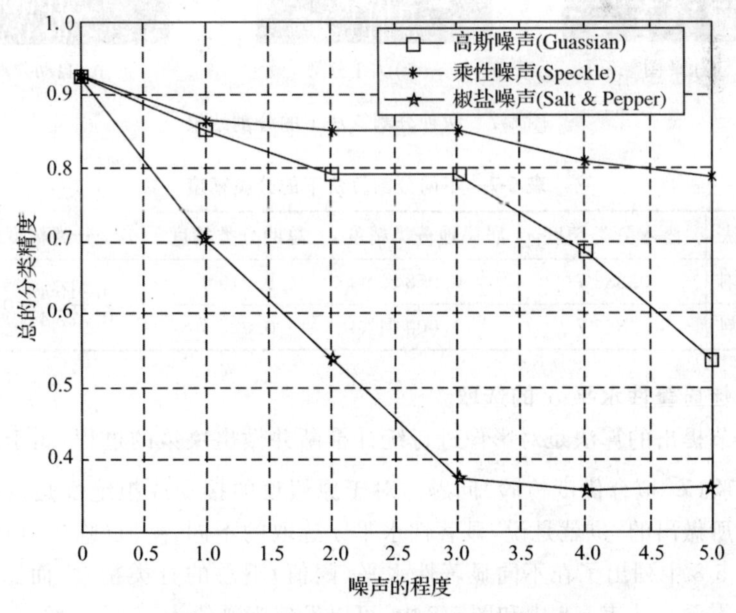

图 5-6　不同类型噪声下的分类精度曲线

3.分割质量对特征提取精度的影响

边缘方向直方图的特征提取是建立在图像分割的基础上,所以分割的质量直接关系到特征提取的精度。目前,图像分割算法层出不穷,但没有一种通用的算法,而且分割的结果也不尽人意,一般情况下还不能达到实用的程度。为了进一步验证本小节提出方法的优越性,设计一个实验,定量地刻画分割质量对特征提取精度的影响程度。首先,一方面,用自动分割算法(Canny 算子)提取特征;另一方面,采用人工分割方式(人为地在 Photoshop 软件下对其图像进行分割得到边缘像素,如图 5-7 所示)对居民地图像进行分割(假设分割效果比较理想),并在这个基础上进行特征提取。然后,分别对影像进行识别。最后,比较两种情况下总的分类精度,用前后两者总的分类精度之比来定量刻画分割质量对特征提取精度的影响程度。该值越大,表明分割质量对特征影响越小。图 5-7 为一幅居民地的代表影像采用自动分割和人工分割的示意图。表 5-7 列出了在两种情况下总的分类精度的比值,相应的比值大小为 0.983 8。

(a) 原 图

(b) 人工分割

(c) 自动分割

图 5-7 两种分割算法下的分割结果

表 5-7 不同分割算法下的分类精度

分割算法	灌木分类精度	居民地分类精度	总的分类精度	分类精度之比
自动分割	0.883 7	0.958 3	0.910 4	$\frac{0.910\,4}{0.925\,4}=0.983\,8$
人工分割	0.883 7	1.000 0	0.925 4	

4.最佳显著性水平 α 的选取

本小节提出的算法是对影像进行统计推断并做出决策的过程,属于均匀分布的假设检验(χ^2 拟合优度检验)问题。对于原假设的接受或拒绝都是按着一定的概率标准所做出的,也就是说,显著性水平 α 选取的不同,阈值(临界值)的大小就不同。表 5-8 中列出了在不同显著性水平(阈值)下总的分类精度,而图 5-8 为相应的图形表示。从表 5-8 中和图 5-8 中,可以发现当阈值为 40 的时候,总的分类精度最高为 92.54%。

表 5-8　不同显著性水平下的分类精度

显著性水平 α	阈值	判别结果	灌木	居民地	总的分类精度	Kappa 系数
9.5×10^{-2}	25	灌木	0.581 4	0.000 0	0.731 3	0.498 8
		居民地	0.418 6	1.000 0		
2.6×10^{-2}	30	灌木	0.744 2	0.041 7	0.820 9	0.643 3
		居民地	0.255 8	0.958 3		
6.0×10^{-3}	35	灌木	0.860 5	0.041 7	0.895 5	0.782 8
		居民地	0.139 5	0.958 3		
1.0×10^{-3}	40	灌木	0.907 0	0.041 7	0.925 4	0.842 1
		居民地	0.093 0	0.958 3		
6.7×10^{-4}	42	灌木	0.930 2	0.209 3	0.880 6	0.735 4
		居民地	0.069 8	0.791 7		
2.4×10^{-4}	45	灌木	0.953 5	0.209 3	0.895 5	0.766 3
		居民地	0.046 5	0.791 7		
1.5×10^{-6}	65	灌木	0.953 5	0.333 3	0.850 7	0.656 4
		居民地	0.046 5	0.666 7		

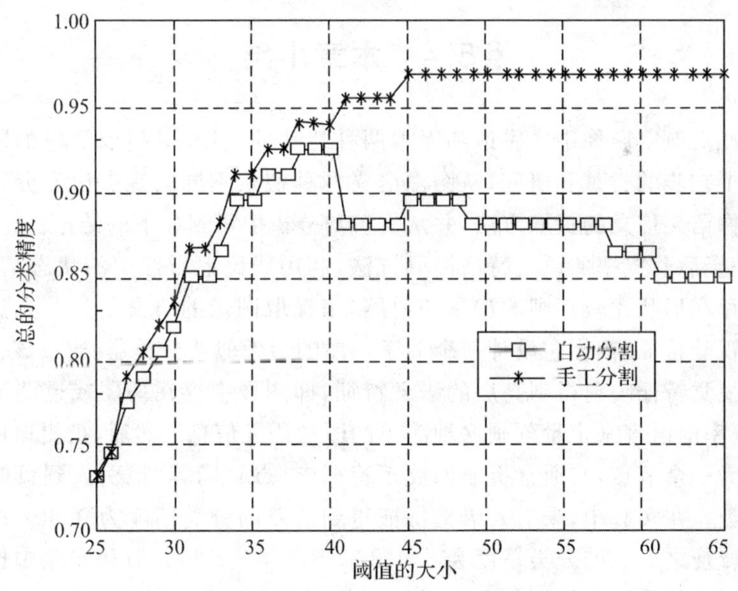

图 5-8　不同阈值下总的分类精度

本小节从边缘方向直方图出发，充分利用灌木(自然地物)的方向随机性和居民地(人工地物)的边缘方向直方图的峰值特性，巧妙地把这种语义信息抽象转换为均匀分布的假设检验问题，并把它用于航空影像中灌木和居民地的分类中。实验与分析表明，与传统的最大似然方法相比，该方法对于识别灌木和居民地两类地物是十分有效的，对高斯噪声和乘性噪声具有一定的抗噪能力，而且分割质量对提取特征的精度影响较小。此外，还应谨慎地选取显著性水平的大小。

本章提出的两种图像语义信息的直接提取方法虽然可以进一步提高影像分类的精度和可靠性，但仅仅局限于航空影像中居民地和灌木两种特殊的地物，而对于其他地物的图像语义信息的提取还需要进一步深入探索和研究。

此外，从当前的研究现状来看，单凭计算机还无法独立完成图像语义信息的提取，通用的完全自动的图像语义信息提取还存在一些难以逾越的障碍。同时，知识库和语义库的建设是一项浩大的工程，并非一朝一夕能够完成。要在计算机视觉、人工智能现有发展水平上进行图像语义信息提取，必须充分考虑到人的作用，把人当作系统的一个组成部分。相比之下，比较可行的方法是把人纳入到系统中去，在影像分类的过程中采用人机交互的方式，由计算机来学习和积累图像语义信息，以此来改进系统的性能。目前，人工交互的图像语义信息的提取，主要体现在反馈学习方面，这就是第 6 章所要研究的内容——带有伪相关反馈的贝叶斯网络的航空影像纹理分类方法。与本章从两类特殊地物中直接提取图像语义信息的方法相比，这是一类从图像中间接提取图像语义信息的方法。

§5.4 本章小结

本章针对航空影像中居民地和灌木两种特殊的地物，对提取简单的图像语义信息进行了初步的尝试和研究，从图像语义两种截然不同的观点出发分别提出两种简单图像语义信息的提取方法，并从实验与分析中得到如下的结论。

(1)基于后验概率的语义特征提取方法，利用居民地影像中的状态信息(居民地影像中存在形状比较规则的房屋和道路)来提取图像的语义信息。先提取影像中的低层视觉特征，依据它设计一个关于房屋的最大似然分类器，通过该分类器可以从低层视觉特征映射得到高层的语义特征，即图像中存在房屋或道路的状态信息，并用概率的语言来定量刻画这种简单的图像语义信息。然后，把提取的图像语义特征作为一个节点，与通常提取的纹理特征(节点)“同等”地引入到贝叶斯网络中进行分类。在实验中，未引入语义特征得到的总的分类精度为 0.907 2，而自动引入语义特征之后总的分类精度为 0.948 5，提高了 4.13%，但从实验中也发现本章提出的自动提取语义特征的方法还有一定的不准确性和不可靠性。如果人工引入语义信息，则分类精度可以达到 0.969 1，这是比较理想的情况，由此可以看出本章提出的方法还有一定的改进空间来进一步提高分类的精度。

(2)基于图像分割的简单语义信息的提取方法，它利用灌木这类自然地物具有明显的随机性这个结构性质来提取图像的语义信息。这种方法先通过 Canny 算子得到地物的边缘像素的集合，接着计算出边缘上每一像素的方向，并统计得到边缘像素的方向直方图。由于灌木属于自然地物，边缘具有明显随机性，所以从统计角度来看，边缘像素的方向在所有方向上出现的概率在理论上应该基本相同。因此，该方法可以巧妙地将灌木边界具有明显随机性这一结构性质的判断转换为边缘方向大小的直方图是否服从均匀分布的假设检验问题，最后通过 χ^2 拟合优度检验的假设检验方法来判断(或识别)灌木影像。与传统的最大似然方法相比，该方法得到的分类精度提高了 6%，对于识别灌木和居民地两类地物是十分有效的。通过抗噪等其他实验可以进一步发现，该方法对高斯噪声和乘性噪声具有一定的抗噪能力，而且分割质量对提取特征的精度影响较小。此外，在实际的应用中，还应谨慎地选取显著性水平 α 的大小。

(3)本章提出的方法仅仅局限于航空影像中的居民地和灌木两种特殊地物。然而，要真正实现高层语义信息的提取，还需要让计算机模仿人类是怎么观察和理解图像的，而目前这个问题还没有得到很好的解决。

第6章　带有伪相关反馈的贝叶斯网络的航空影像纹理分类方法

由于图像的内容非常丰富，每个人对它的描述也不尽相同，因此，如何建立高层语义信息与低层视觉特征之间的映射关系，以及如何使得计算机接近于人的思维是问题的关键所在。相关反馈可以通过人机交互的过程，使计算机具有人的思维和模型，而且相关反馈还具有计算简单、准确率高等优点。过去的一百年是科学和工程技术发展最迅速的一个世纪。人类的许多希望和梦想，被科学和技术变成现实，其中自动控制技术所取得的成就和起到的作用给各行各业的人们留下了深刻的印象。从电气、机械、航空、化工、核反应到经济管理、生物工程，自动控制理论和技术已经介入到许多学科，渗透到各个工程领域。为了更好地提取航空影像中图像的语义信息，并推广到其他更多地物的图像语义信息的提取，本章从另外一个角度提出两种图像语义信息的间接提取方法，即间接提取关于每一类训练样本质量的语义信息。实际上，这两种方法是把控制论中的控制与反馈的思想引入到贝叶斯网络的训练阶段，并把人也作为系统的一部分，从而使得原先以计算机为中心的模式转变为以人为中心的模式，进而把人的思维纳入到训练阶段。通过控制与反馈机制使得系统更加准确地“捕获”类别特征信息，即关于训练样本质量好坏的语义信息。因此，可以控制训练阶段的学习质量，进一步提高影像分类的精度。

§6.1　控制与反馈

随着生产和科学技术的发展，自动控制技术广泛地应用于现代的工业、农业、国防等国民经济的各个领域。从最初的机械转速、位移的控制到工业过程中温度、压力、流量、物位的控制，从远洋巨轮到深水潜艇的控制，从飞机自动驾驶到“神舟五号”载人航天飞船的成功发射，自动控制技术的应用几乎无所不在（梅晓榕，2007）。然而，自动控制理论作为一门年轻的学科是从1945年开始形成的。在这以前是自动控制理论的萌芽时期。控制论是研究各类系统的调节和控制规律的科学。它是自动控制、通信技术、计算机科学、数理逻辑、神经生理学、统计力学、行为科学等多种科学技术相互渗透形成的一门横断性学科。它研究生物体和机器及各种不同基质系统的通信和控制的过程，探讨它们共同具有的信息交换、反馈调节、自组织、自适应的原理和改善系统行为、使系统稳定运行的机制，从而形成了一大套适用于各门科学的概念、模型、原理和方法。它主要经历了经典控制理论（20世纪 40 年代至 60 年代)、现代控制理论(20 世纪 60 年代中期成熟)、大系统理论和智能控制理论(20 世纪 70 年代后期)三个阶段,到了 20 世纪 80 年代以后,又相继出现了鲁棒控制系统、容错控制系统、复杂适应系统等一些概念。下面从一个简单的例子说明控制与反馈的思想,并从中引出一些基本的概念。

在山村野地,一群小鸡在喊喊喳喳地寻找食物,时而翻动草屑,时而啄食幼虫,怡然自得。一只饿鹰从远处飞来,发现了猎物,急速俯冲下来,吓得小鸡四处逃窜,于是演出了一幕"追踪—逃逸"的活戏剧。在这个"追踪—逃逸"系统中,对老鹰来说,目标是小鸡,控制机构是鹰脑(发出指令),执行动作的机构是鹰翅、鹰爪和嘴。在整个追踪过程中,鹰借助眼睛不断地获得反馈信息(即小鸡的位置、速度和方向的变化),据此及时调整自己的动作,直到抓住目标为止。

从这场"鹰鸡殊死之战"的过程中,可以看出信息反馈和反馈控制的重要性。所谓反馈(feedback),是指当指挥者的控制系统发出的指令信息(也叫系统输入)输入后,通过系统内部变换后又将信息作用的结果(也叫系统输出)返回到系统输出端,并根据系统输出与系统输入(规定值)是否吻合,再对系统施加作用的过程。这也正是控制论创始人维纳所提出的"双向通信"的概念,既有从系统输入到系统输出的正向信息传递和变换,也有从系统输出端返回输入端的反馈信息。从控制论的观点来看,系统的自动控制过程正是通过"双向通信"的信息反馈联系实现的。信息在系统的这种循环往返过程中,不断变换形式,最终实现控制目标。反馈又分为正反馈和负反馈,其中负反馈是控制论的核心问题。正反馈是指反馈信息与原信息起相同的作用,使总输入增大,系统目标偏离,加剧系统不稳定。而与正反馈相反的是负反馈,它指反馈信息与原信息起相反的作用,使总输入减小,系统目标偏离减小,系统稳定。其实反馈作为一种技术手段自动控制目标,早在古代就开始了,只不过那时人们尚未从理论上加以升华。

另外,控制论研究的对象是包括人在内的生物系统和各种非生物系统(如工程系统、化工系统、通信系统、经济系统等)。所谓系统,是由相互制约的各个部件组成的具有一定功能的整体。而控制论强调系统的行为能力和系统的目的性。所谓行为是指系统在外界环境作用(输入)下所做的反应(输出)。人和生命有机体的行为是有目的、有意识的。生物系统的目的性行为又总是同外界环境发生联系,这种联系是通过信息的交换实现的。对生物系统来说,外界环境的改变对生物体的刺激就是一种信息输入,生物体对这种刺激的反应对生物系统来说就是信息的输出。控制论认为任何系统要保持或达到一定目标,就必须采取一定的行为,而输入和输出就是系统的行为。

控制论是具有方法论意义的科学理论,主要方法有控制方法、信息方法、反馈方法、功能模拟方法和黑箱方法等。实际上,控制论的理论、观点,可以成为研究各门学科问题的科学方法,即撇开各门学科的质的特点,把它们看做一个控制系统,分析它的信息流程、反馈机制和控制原理,往往能够使系统达到最佳的状态。

§6.2 相关反馈

反馈是控制论中的重要手段,用输出来调整系统,调节系统中不稳定的因素。"反馈"一词是泛指发出的事物返回发出的起始点并产生影响(Kherfi et al,2003)。其实,人们在日常生活与学习中,频繁地使用控制与反馈的机制,从而可以根据反馈的信息不断地调整人们的认识与行为,进而使得人们的认识更加全面、行为更加准确。然而,在分类的过程中,也有一个类似于人类的训练或学习阶段,因而它也需要一个控制与反馈的机制。但是,除了神经网络方法以外,反馈机制用于影像分类的文献比较少,而它最初应用于文本检索(或分类)领域中,即从语义信息的角度,引入相关反馈的机制来提高一次查询检索到的相关文本(网页)的数量。由于反馈是由文本(网页)相关性的判定开始的,因此又称为相关反馈(relevance feedback, RF)。相关反馈的思想是通过人来引导计算机进行检索,使系统通过对用户反馈信息的学习,形成用户的思维和认识的模型(吴洪 等,2005),从而在用户和系统之间的控制与反馈过程中可以根据用户的想法(即语义信息)对检索到的相关网页不断地进行调整,使之更加"吻合"用户的想法,因而可以尽快查询到与"用户想法"相一致的相关网页。

从 20 世纪 60 年代最初应用于文本检索领域至今,相关反馈已经取得了广泛的应用和令人满意的效果,它主要是通过一种人机交互机制使得计算机能够不断了解用户对查询结果的满意程度,并采用逐步反馈的方式把相关信息输出调整到用户期望的状态。20 世纪 90 年代中期,相关反馈开始得到研究者的重视。基于内容的图像检索系统给出的初始检索结果往往不能很好地满足用户的信息需求,这主要是因为目前所提取的图像特征基本上是图像的低层视觉特征,它们与图像的实际语义是脱离的,低层视觉特征目前尚无能力辨别出图像中所包含的物体,而且由于当前图像理解技术的局限性,建立从图像的低层视觉特征到高层语义的映射还很困难(Zhou et al,2003)。因此,无论采用何种特征,无论使用何种距离测度,最终决定两幅图像是否相似还取决于实际用户(Su et al,2003)。为了克服上述困难,在文本检索领域提出的相关反馈技术被引入到基于内容的图像检索领域中(Serrano et al,2004;Smeulders et al,2000)。1998 年,有关研究者形式化地提出了图像检索中相关反馈的体系结构,从而在图像检索领域中正式揭开了研究相关反馈的序幕。

相关反馈方法的基本思路是,在查询的过程中允许用户对检索结果进行评价和标记,指出结果中哪些是与查询图像相关的,哪些是不相关的,然后将用户标记的相关信息作为训练样本反馈给系统进行学习,指导下一轮的检索,从而使得检索结果更加符合用户的需要(Rege et al,2007)。由此看来,相关反馈技术减轻了用户和计算机方面的负担。对于用户来说,相关反馈使用户通过对图像进行标记来反映其查询意图和重点;对于计算机来说,在检索中不必要求计算机去理解图像的高层语义信息,而是通过相关反馈将高层语义信息"嵌套"在用户的反馈信息当中(Ohashi et al,2003)。此外,与文本检索中的应用相比,在图像检索中采用相关反馈更有必要,同时也更易于应用,这是因为图像比文本更具多义性(由主观因素引起)。而且,对用户来说,判断两幅图像是否相关比判断两个文档(网页)是否相关要容易得多、快得多。因此,在过去十年左右的时间里,相关反馈技术的研究逐渐成为一个比较活跃的研究方向,吸引着越来越多的关注,各种相关反馈算法也不断涌现(De-Campos et al,2003)。

目前,相关反馈方法主要分为两大类:一类是查询点的移动;另一类是调整特征向量的权重。两类方法都代表了用户的参与,符合"human in loop"的思想,因此它日益引起研究者的重视。所以,它也是一种重要的向系统提供用户语义信息的手段,可以减少高层的语义特征与低层的视觉特征之间的语义鸿沟。本质上,它是一个机器学习机制,反馈的是用于学习的训练样本,因而它也是一个"精益求精"的过程(Lu et al,2003)。

然而,与文本、图像检索相比,在影像分类的训练过程中,一直以来只是简单地提取一些分布特征(如方差等)或类别中心(均值)就"立刻"进入测试阶段进行测试分类,缺乏一种反馈学习的机制,从而无法保证训练阶段的学习质量。因此,本章试图在监督分类的训练阶段中引入相关反馈机制,来控制训练阶段的学习质量,从而可以进一步提高影像分类的精度。实际上,相关反馈可以分为人工方式和自动方式。人工方式是指相关文档(或图像)由人工来确定,新的相关特征由人工或计算机自动选择;自动方式则由计算机对检索的文档(或图像)按相关度(如相关或相似函数的值)降序排序,排在前面的文档(或图像)自动认定为相关的文档(或图像),然后由计算机自动从这些相关的文档(或图像)中选择新的相关特征,这也称为伪相关反馈(He et al,2003)。此外,称为伪相关反馈的另一层含义在于,用相关度函数计算得到两幅影像的相关度来刻画这两幅影像的相关程度,这与人工方式判断这两幅影像的实际相关程度存在一定的差距。

由于在监督分类的训练阶段,训练样本已经由专业判读人员事先对其进行判读,确定它们的类别属性,如果同时给定一个合适的相关(或相似)度函数,就可以在训练阶段中引入伪相关反馈的机制,使计算机可以自动地反馈那些与类别中心相距最近(或最相关、最相似)的训练样本,直到不满足反馈条件为止,从而让系统更加准确地"捕获"类别的特征信息,也即选择质量较好的训练样本,进而可以控制训练阶段的学习质量。这与文本检索或图像检索略有不同,因此把这种相关反馈的机制称为伪相关反馈更加合理。本章将伪相关反馈机制引入到监督分类的训练阶段中，用于控制训练阶段的学习质量，以进一步提高分类的精度。在这个控制与反馈的过程中，控制机构是分类系统，控制对象是训练样本，控制的目标是训练样本的训练精度，系统的输入为预先设定的某个阈值(比如 0.01)，系统的输出为相邻两次训练精度之差的绝对值，系统根据反馈的训练样本的训练精度信息，及时地调整训练样本(剔除其中一些训练样本或者增加一些新的训练样本)，直到不满足反馈条件为止。

具体做法是：首先把文本(或图像)检索中的向量调整法和特征加权法经过一些改造，并把这两种方法组合在一起，应用于最小距离法的航空影像纹理分类中进行伪相关反馈机制的初步尝试；其次，由于在贝叶斯网络中，其拓扑结构和相应的参数学习直接关系到贝叶斯网络的推理能力和精度，所以可提出两种带有伪相关反馈的贝叶斯网络的航空影像纹理分类方法，以控制贝叶斯网络在训练阶段的学习质量，从而进一步提高影像分类的精度。

其中，第一种方法的思想来源于统计质量管理，该方法是利用控制图的思想来控制训练阶段的学习质量，使得原先的开环系统转变为闭环系统，如图 6-1 所示。从图 6-1 中可以看到，如果没有反馈信息(虚线部分)，分类系统则是一个开环系统；如果系统带有反馈信息，分类系统从原来的开环系统变成一个闭环系统，有利于控制训练阶段的学习质量。

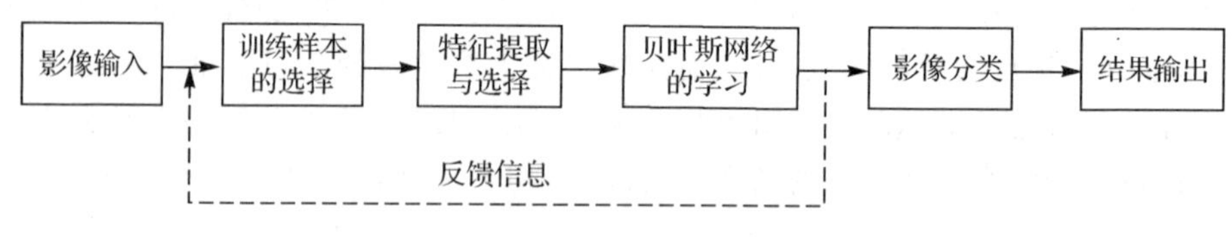

图 6-1　分类闭环系统

在研究的过程中发现，训练样本的质量直接关系到训练阶段的学习质量。因而，可从另外一个角度提出上述第二种方法，即从训练样本的质量(代表性和典型性)角度来考虑，利用 Q 型因子分析的方法来控制训练阶段的学习质量，从而进一步提高影像分类的精度。

与第 5 章提出的两种图像语义信息的直接提取方法相比，这两种图像语义信息的间接提取方法并不局限于航空影像中的居民地和灌木两种特殊的地物，还可以应用于航空影像中的其他地物。

6.2.1　数学模型

在图像检索领域中应用比较广泛的是向量调整法和特征加权法。这两种方法组合在一起可应用于最小距离法的航空影像的纹理分类中。

1. 向量调整法

在图像检索领域中，向量调整法有时也称为查询点移动法，该方法大多数来自著名的 Rocchio 公式及其变形。这种方法的基本原理：图像被表示为特征（向量）空间中的一个点（向量），系统根据用户反馈的正例和反例来调整查询向量并使其向正例方向移动，同时远离反例集合，直觉上相当于捕捉用户查询的意图（Yin et al，2005）。这种方法是 Rui 等人仿效文本检索中的相关反馈方法而来的，它利用文本检索中的 Rocchio 公式修改查询向量，即

$$Q' = \alpha Q + \frac{\beta}{|D_r|}\sum_{\forall d_j \in D_r} d_j - \frac{\gamma}{|D_n|}\sum_{\forall d_j \in D_n} d_j$$

式中，Q'为修改后的查询向量；Q 为初始的查询向量；D_r 是用户标记为相关的文档集合；D_n 是用户标记为不相关的文档集合；$|\cdot|$表示集合的势；α、β 和 γ 为可调的常数。

在影像分类中，假设有 n 个类别，根据每一类的训练样本可以用最大似然估计法得到每一类的初始类中心，接着如果按照最小距离法把训练样本当做测试样本进行分类测试，则往往并不是所有的训练样本都能被正确地识别（分类）。其中大多数样本可以被正确识别，这些样本被称为与该类的类别中心相关的样本，或者称为正例；而其中有一部分样本却被错分为其他的类别，不能被正确识别，这些样本被称为与该类的类别中心不相关的样本，或者称为反例。其实，在正例和反例中，存在一些有用的信息可以通过反馈的方式被系统利用起来，也即利用每一类中当前反馈的正例和反例，更新每一类的类别中心，直到不满足反馈的条件为止。

不妨设第 i 类的初始类别中心为 $X_i^{(0)}$，而经过第 k 次反馈以后第 i 类的类别中心变为 $X_i^{(k)}$，并用 R 表示与 $X_i^{(k)}$ 相关（即正例）的样本集，而用 NR 表示与 $X_i^{(k)}$ 不相关（即反例）的样本集，则经过第$(k+1)$次反馈，第 i 类的类别中心的计算公式为

$$X_i^{(k+1)} = \alpha X_i^{(k)} + \frac{\beta}{|R|}\sum_{\forall Y \in R} Y - \frac{\gamma}{|NR|}\sum_{\forall Y \in NR} Y \tag{6-1}$$

向量调整法的效果（Yin et al，2005）可以用图 6-2 来表示。为了简单起见，假设在影像分类过程中只有两个类别，而且只采用两个特征 f_1 和 f_2。所有的训练样本分布在整个特征空间中，经过第 k 次反馈后与第 i 类（$i=1,2$）的类别中心 $X_i^{(k)}$（如图 6-2(a)所示）相关的样本（即正例）用加号“+”表示，否则其他样本（即反例）都用减号“−”表示。从而，经过第$(k+1)$次反馈后对第 i 类的类别中心 $X_i^{(k+1)}$ 进行了相应的调整（如图 6-2 的(b)所示）。从图 6-2 中可以看到，在类别中心 $X_i^{(k+1)}$ 的周围比类别中心 $X_i^{(k)}$ 的周围有更多的相关样本。

向量调整法本质上是通过特征距离上接近相关的样本（类别中心和反馈的正例），并且远离不相关的样本（反馈的反例）来趋向于“理想”的类别中心。

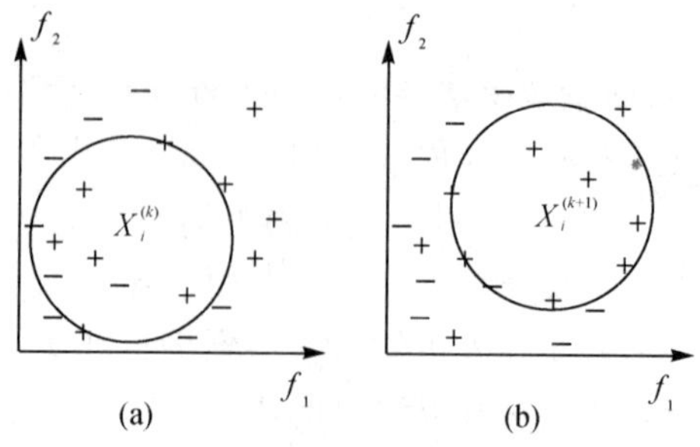

图 6-2　向量调整法示意图

2.特征加权法

实际上,在参与影像分类的特征当中,每个特征所起的作用有所差异。然而,在使用最小距离法分类时,采用的是等权的欧式距离,并没有考虑到这种特征之间的差异(相对重要程度)。如果能够给每个特征赋予一个合理的权值,则可以更好地刻画样本与类别中心的相关(或相似)程度。此外,特征的权值也表现了低层视觉特征表示高层语义概念及主观感知的能力,特征权值的合理分配在一定程度上缓解了低层视觉特征和高层语义概念之间的差异(Ves et al,2006)。

假设在第 k 次反馈后第 i 类的训练样本个数为 N_i^k,对每个样本提取 m 个特征,并把第 i 类第 j 个特征值的方差记为 σ_{ij}^2,则可以获取第 i 类每个特征相应的权值 w_{ij},即

$$w_{ij} = \frac{\frac{1}{\sigma_{ij}^2}}{\sum_{j=1}^{m} \frac{1}{\sigma_{ij}^2}} \tag{6-2}$$

因此,在更新样本与类别中心的距离时,可以由加权的距离公式进行计算得到,即

$$D(X_i^k, Y) = \sqrt{\sum_{j=1}^{m} w_{ij} (x_{ij}^k - y_j)^2} \tag{6-3}$$

其实,向量调整法的效果(Yin et al,2005)也可以用图 6-3 来表示。为了简单起见,仍然假设在影像分类过程中只有两个类别,而且只采用两个特征 f_1 和 f_2。从图 6-3 可以看到,类别中心 $X_i^{(k+1)}$(如图 6-3 的(b)所示)周围的相关样本(正例)比类别中心 $X_i^{(k)}$(如图 6-3 的(a)所示)周围的相关样本(正例)更多一些。

此外,目前提取的特征几乎都是图像的低层视觉特征,它们与图像的语义是脱离的,低层视觉特征目前还不能较好地辨别出图像中所包含的物体。然而,通过反馈的机制可以从原先以计算机为中心的模式转变为以人为中心的模式,从而在反馈的过程中可以引入一些关于训练样本质量的信息。

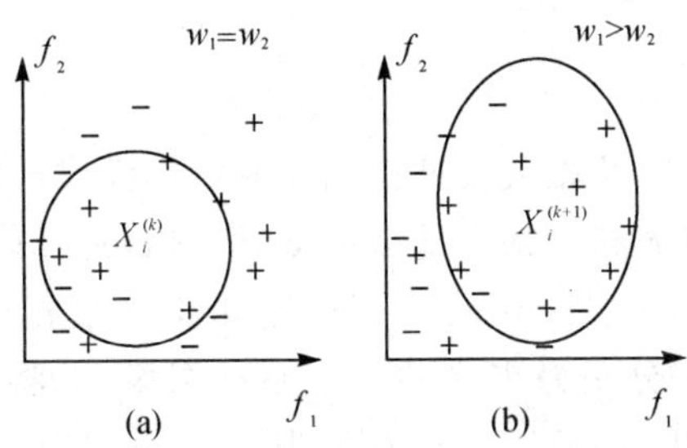

图 6-3　特征加权法示意图

3. 组合方法

向量调整法和特征加权法是两种不同的反馈方式，为了更好地利用反馈的信息，在本小节的实验中把向量调整法和特征加权法组合起来。其基本的思路：首先由最大似然估计得到每一类初始的类别中心；接着用最小距离法把所有的训练样本当做测试样本进行分类测试，同时把每一类的正例和反例反馈给系统，并用向量调整法调整每一类的类别中心；然后用特征加权法获取每一类中每个特征相应的权值，并利用加权的最小距离公式重新计算样本与每一个类别中心的距离，把所有的训练样本当做测试样本按最小距离原则进行分类测试；再把每一类的正例和反例反馈给系统，直到不满足反馈的条件为止。该算法应用于航空影像的纹理分类的具体步骤如下。

(1)随机选择一定数量的训练样本，用每一类的训练样本由最大似然估计出每一类的类别中心 $X_i^{(0)}$ $(i=1,2,\cdots,n)$，其中 n 为总的类别数。

(2)把所有的训练样本当做测试样本，并用最小距离法进行分类测试。

(3)将分类测试后每一类的正例和反例反馈给系统，并利用向量调整法，即式(6-1)，对每一类的类别中心进行调整，记为 $X_i^{(k)}$，k 表示第 k 次反馈。

(4)利用特征加权法即式(6-2)，获取每一类中每一个特征相应的权值 w_{ij} $(j=1,2,\cdots,m)$，其中 m 为提取的特征个数。

(5)利用加权的距离公式即式(6-3)，计算样本与每个类别中心的距离。

(6)把所有的训练样本当做测试样本，并用最小距离准则进行分类测试，得到每一类的正例和反例。

(7)把当前反馈得到的正例和反例与前一次反馈得到的正例和反例是否相同作为反馈条件来进行判断。如果满足反馈的条件，则转向步骤(3)，否则继续下一个步骤。

(8)对独立于训练样本的测试样本，用最小距离法对它们进行分类测试，并统计相应的分类精度。

6.2.2 实验与分析

为了验证上述组合的伪相关反馈机制在航空影像纹理分类中的正确性和有效性，在实验中，选取了澳大利亚某个地区的 6 幅 23 cm×23 cm 的黑白航空影像和 10 幅武汉地区的 23 cm×23 cm 的黑白航空影像。根据野外调绘的结果，对这 16 幅大的航空影像人工分割为小块的 465 幅小图像，并将它们分成 3 类，即居民地(167 幅)、农田(144 幅)和河流(154 幅)，其中最小的为 16 像素×16 像素，最大的为 40 像素×40 像素。在实验中，设置的反馈条件为相邻两次反馈的正例和反例不相同，参数 $\alpha=0,\beta=1,\gamma=0$。实验结果见表 6-1、图 6-4 和图 6-5。从这些图表中可以得到如下的结论。

(1)引入伪相关反馈机制后，总的分类精度平均提高 1.39%。

在表 6-1 中，第 1 列 N 表示每一类的训练样本数，而最后一行表示每一列分类精度的平均值。第 1 行的 0～5 表示反馈的次数，Δ 表示第 4 次(或第 5 次)反馈的结果与没有引入反馈机制的结果(第 2 列)的差异。从最后一列中可以看出，除了当训练样本数 $N=20$ 时，分类精度几乎没有什么变化，而在其他情况下，引入伪相关反馈机制以后分类精度都略有提高，为 1%～2%，平均提高 1.39%。为了更好地描述没有引入反馈机制与第 4 次反馈以后结果的差异，把表 6-1 中的第 2 列和第 5 列的数据描绘在图 6-4 中。

表 6-1 带有伪相关反馈后的分类精度

N	0	1	2	3	4	5	Δ
20	0.827 96	0.825 81	0.825 81	0.825 81	0.825 81	0.825 81	−0.002 15
25	0.838 71	0.836 56	0.849 46	0.849 46	0.849 46	0.849 46	0.010 75
30	0.843 01	0.849 46	0.855 91	0.860 22	0.860 22	0.860 22	0.017 21
35	0.836 56	0.840 86	0.851 61	0.851 61	0.851 61	0.851 61	0.015 05
40	0.834 41	0.834 41	0.838 71	0.838 71	0.838 71	0.838 71	0.004 30
45	0.840 86	0.845 16	0.853 76	0.855 91	0.860 22	0.860 22	0.019 36
50	0.838 71	0.845 16	0.853 76	0.858 06	0.858 06	0.858 06	0.019 35
分类精度均值	0.837 60	0.841 97	0.848 14	0.850 36	0.851 41	0.851 54	0.013 94

(2)在最小距离法中引入伪相关反馈机制后，第 4 次反馈以后就已经收敛，其收敛速度比较快。

从表 6-1 和图 6-4 中，可以看到第 4 次和第 5 次反馈以后的结果都相同，即在第 4 次反馈以后分类精度已经收敛，收敛速度比较快。其实，在有的情况下，比如当训练样本 $N=25$ 时(表 6-1 中第 3 行)，第 2 次就已经可以收敛。

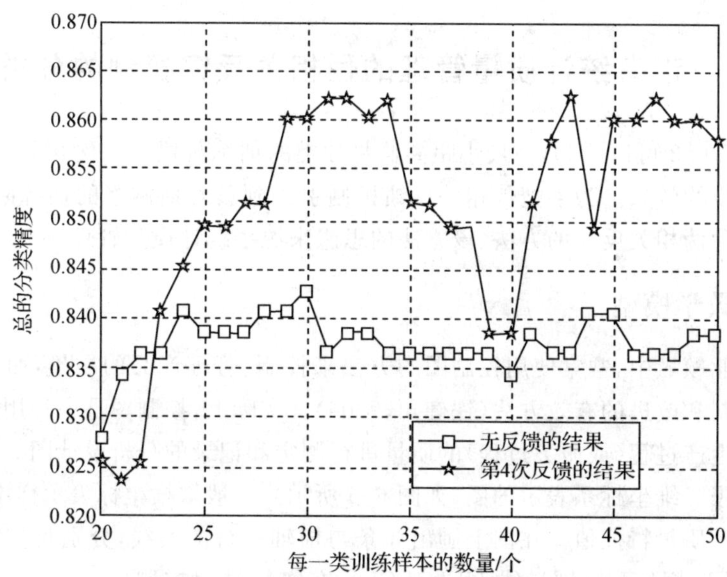

图 6-4　带有伪相关反馈和不带有伪相关反馈的精度比较

(3)在不同训练样本的情况下,每次反馈以后的分类精度曲线的走势大致相同。

在图 6-5 中,横坐标表示每一类训练样本的数量,纵坐标表示总的分类精度,图中描绘的是在不同训练样本的条件下,不同的反馈次数对总的分类精度的影响情况。从图中可以看到,5 条分类精度曲线大概的走势相同。

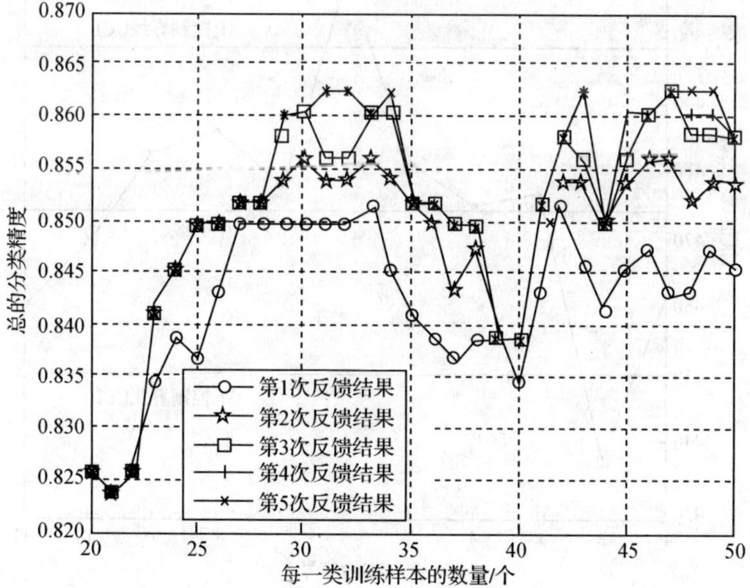

图 6-5　带有伪相关反馈后的分类精度曲线

§6.3 带有统计质量管理的伪相关反馈机制的分类方法

通过§6.2可以看到，在最小距离监督分类的训练阶段引入伪相关反馈机制，取得了初步的效果。为了把伪相关反馈机制引入到贝叶斯网络的训练阶段，这里提出另一种伪相关反馈的方法，该方法的思想来源于统计质量管理。

6.3.1 数学模型

在工业领域中，常常使用控制图的方法来控制、管理产品的质量，而且控制图是质量控制和改进的有效方法(铁健司，2006)。实际上，控制图是一种用统计数学的方法对生产过程(或服务过程)的质量进行测定和记录的分析设计图。它的基本格式是一张二维坐标系表示的图(如图6-6所示)，一般取横坐标表示样本的序号，纵坐标表示质量特征值。在图上画出3条与横轴平行的实线，分别是控制中心线CL和另外两条上下控制界线UCL、LCL。在实行过程控制中，必须定时抽取样本，将样本的特征值描绘在控制图上。如果特征值落在LCL和UCL之间(如图6-6所示)，则认为生产被处于控制状态，也就是生产过程是正常的。如果特征值落在LCL之下或UCL之上，则认为生产过程不正常，处于非控制状态(魏克让 等，2003)。而上下控制界线的确定采用了控制图创始人美国的休哈特(W. A. Shewhart)

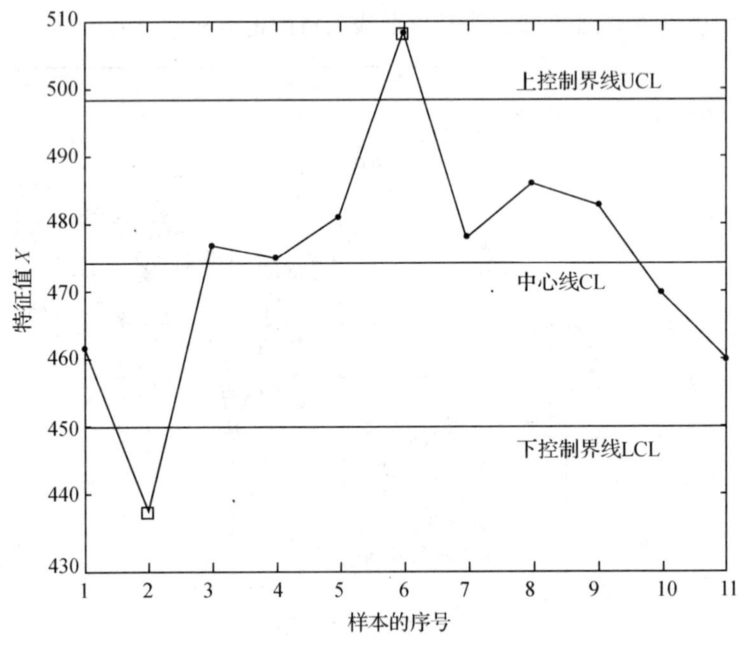

图6-6 控制图

的经验制定的标准，即 3σ 法则（铁健司，2006）。例如，图 6-6 是关于 X 的控制图，图中把 X 的平均值 $\overline{X}$ 作为中心线，在其上下 $3\sigma_X$ 处绘制控制界线。从图中可以看到第 2 个和第 6 个样本在控制界线之外。

在工业领域的控制图中往往是逐个质量特征指标进行质量控制，而在影像分类中，参与分类的特征不止一个，它们组成一个特征向量来表示一个样本。因而，借用控制图的思想来控制训练样本的质量，需要寻找一种方法，把控制图中的一维情形推广到多维的情形。

其实，控制图是用某个产品的质量特征值 X 到中心线 $\overline{X}$ 的距离 $|X-\overline{X}|$ 是否大于 $3\sigma_X$ 来判断该产品的质量情况，即如果 $|X-\overline{X}|>3\sigma_X$，则该产品质量不合格。然而，可以把这个判别公式变成

$$\frac{|X-\overline{X}|}{\sigma_X}>3$$

假设 $X\sim N(\mu,\sigma_X)$，则上式中的 $\frac{|X-\overline{X}|}{\sigma_X}$ 非常类似于概率统计中的 $\frac{(X-\mu)\sqrt{n}}{S}$，它服从学生 $t(n-1)$ 分布。而在多元统计分析中，t 分布的多元推广是 T^2 分布。因而，可以由 T^2 统计量来描述样本到类别中心的距离，从而借用控制图的思想来控制训练样本的质量，即

$$T^2=(\overline{\boldsymbol{X}}-\boldsymbol{X})^{\mathrm{T}}\left(\frac{\boldsymbol{S}}{n}\right)^{-1}(\overline{\boldsymbol{X}}-\boldsymbol{X})=n(\overline{\boldsymbol{X}}-\boldsymbol{X})^{\mathrm{T}}\boldsymbol{S}^{-1}(\overline{\boldsymbol{X}}-\boldsymbol{X})$$

式中，$\boldsymbol{X}$ 为样本向量；n 表示某一类的训练样本的个数；$\overline{\boldsymbol{X}}$ 表示某一类的类别中心（样本均值向量）；$\boldsymbol{S}$ 表示某一类的样本协方差矩阵；且有

$$\overline{\boldsymbol{X}}=\frac{1}{n}\sum_{j=1}^{n}\boldsymbol{X}_j$$

$$\boldsymbol{S}=\frac{1}{n-1}\sum_{j=1}^{n}(\boldsymbol{X}_j-\overline{\boldsymbol{X}})(\boldsymbol{X}_j-\overline{\boldsymbol{X}})^{\mathrm{T}}$$

由概率统计学（魏克让 等，2003）可知，T^2 分布与 F 分布的关系有

$$T^2\sim\frac{(n-1)p}{n-p}F_{p,n-p}$$

式中，p 为提取特征的个数（向量 $\boldsymbol{X}$ 的维数），$F_{p,n-p}$ 表示服从自由度为 p 和 $n-p$ 的 F 分布的随机变量。

因此，若

$$T^2=n(\overline{\boldsymbol{X}}-\boldsymbol{X})^{\mathrm{T}}\boldsymbol{S}^{-1}(\overline{\boldsymbol{X}}-\boldsymbol{X})>\frac{(n-1)p}{n-p}F_{p,n-p}(\alpha) \tag{6-4}$$

成立，则可以认为训练样本 $\boldsymbol{X}$ 的特征值超过规定的范围，即训练样本 $\boldsymbol{X}$ 的质量不合格。

为了更好地把该方法引入到贝叶斯网络的航空影像纹理分类中，总结该算法的大致步骤如下。

(1)随机选择一定数量的训练样本，并用4.4.1小节的算法，构建贝叶斯网络的拓扑结构，并进行相应的参数学习。

(2)把所有的训练样本当作测试样本用步骤(1)中构建的贝叶斯网络分类器进行分类测试。对于每一类训练样本来说，被正确识别的作为正例，不能被正确识别的作为反例，并把正例反馈给系统。

(3)按照式(6-4)判断每一个训练样本的质量，把合格的训练样本也反馈给系统，系统把它们两者的并集(当前反馈的正例和判断合格的训练样本)作为新的训练样本。

(4)利用当前反馈的新的训练样本，采用4.4.1小节的算法构建新的贝叶斯网络(包括结构学习和参数学习)。

(5)把所有的训练样本当作测试样本，用步骤(4)中构建的新的贝叶斯网络分类器进行分类测试，并根据分类的结果，按不同的类别把每一类的正例反馈给系统。

(6)判断是否与前一次反馈的正例和反例相同。如果不同，则转向步骤(3)；否则，继续下一步。

(7)对独立于训练样本的测试样本，用上述得到的贝叶斯网络分类器对它们进行分类测试，并统计相应的分类精度。

6.3.2 实验与分析

为了验证上述针对贝叶斯网络提出的伪相关反馈机制在航空影像纹理分类中的正确性和有效性，在实验中选取了澳大利亚某个地区的6幅23 cm×23 cm的黑白航空影像和10幅武汉地区的23 cm×23 cm的黑白航空影像。根据野外调绘的结果，对这16幅大的航空影像人工分割为小块的465幅小图像，并将它们分成3类，即居民地(167幅)、农田(144幅)和河流(154幅)，其中最小的为16像素×16像素，最大的为40像素×40像素。在实验中，设置的反馈条件为相邻两次反馈的正例和反例不相同，参数$\alpha=0.5$。实验的结果见表6-2和表6-3。通过实验与分析，可以得到如下结论。

(1)引入伪相关反馈机制后，总的分类精度平均提高0.6%。

在表6-2中，第1行的0～5表示反馈的次数，第1列N表示每一类的训练样本数，Δ表示第5次反馈的结果与没有引入反馈机制的结果之间的差异，最后2行分别是每一列分类精度的均值和方差。从均值一行可以看到，随着反馈次数的增加，总的分类精度略有提高，比没有引入反馈机制的情况，总的分类精度平均提高0.6%。而在不同训练样本的条件下，提高的程度有所不同，为0.2%～1.1%。

表 6-2　引入伪相关反馈后的总的分类精度

N	0	1	2	3	4	5	Δ
10	0.868 8	0.875 3	0.877 4	0.879 6	0.875 3	0.879 6	0.010 8
20	0.875 3	0.875 3	0.877 4	0.877 4	0.879 6	0.881 7	0.006 4
30	0.881 7	0.879 6	0.881 7	0.881 7	0.886 0	0.883 9	0.002 2
40	0.877 4	0.881 7	0.879 6	0.883 9	0.881 7	0.881 7	0.004 3
50	0.877 4	0.881 7	0.888 2	0.883 9	0.883 9	0.883 9	0.006 5
分类精度均值	0.876 1	0.878 7	0.880 9	0.881 3	0.881 3	0.882 2	0.006 0
分类精度方差	0.004 7	0.003 2	0.004 5	0.002 8	0.004 1	0.001 8	0.003 2

(2)随着训练样本的增加,引入伪相关反馈机制后,计算量也随之略有增加。

在表 6-3 中,第 1 列表示每一类的训练样本的数量,第 1 行表示反馈的次数,最后 2 列分别表示引入伪相关反馈机制后总的时间和平均时间。从最后 2 列中可以看到,随着训练样本的增加,计算量也随之增加,但差异不大。

表 6-3　引入伪相关反馈后的计算量

N	0	1	2	3	4	5	总的时间/s	平均时间/s
10	17.19	17.48	18.02	17.92	18.30	16.58	105.49	17.66
20	33.74	26.23	26.52	28.55	28.44	29.41	172.89	27.83
30	46.64	41.89	44.61	42.13	40.91	43.86	260.04	42.68
40	60.03	53.02	53.06	53.33	54.11	54.92	328.47	53.69
50	75.86	64.44	68.69	69.98	69.70	67.56	416.23	68.07

在影像分类的训练阶段引入伪相关反馈机制,可以控制训练阶段的学习质量。上述方法是利用控制图的思想来控制训练阶段的学习质量,使得原先的开环系统转变为闭环系统。实验与分析表明,这种方法是可行的、有效的,但总的分类精度没有明显的提高,这是由于本小节所提出的伪相关反馈方法本质上是对训练样本的控制与反馈,并且只是利用了系统反馈的正例所携带的信息,忽略了系统反馈的反例所携带的信息。但是,从实验中也认识到训练样本的质量直接关系到训练阶段的学习质量,因而训练样本的质量在一定程度上影响着影像分类的精度。所以,§6.4 将从另外一个角度提出一种方法,它是从训练样本的质量(代表性和典型性)角度出发,尝试利用 Q 型因子分析的方法来控制训练阶段的学习质量,从而可以进一步提高影像分类的精度。

§6.4 带有Q型因子分析的伪相关反馈机制的分类方法

因子分析是主分量分析的推广和发展，它也是多元统计分析中降维的一种方法(Steel et al,1979)。利用因子分析降维，可以设法找出少数的几个综合因子(少于原来变量或样本个数)来代表众多的因子。而这少数几个综合因子不仅能主要反应原来众多因子的信息，而且彼此独立。

6.4.1 数学模型

Q型因子分析在数学上是基于这样的考虑：假设分别对 n 个样本的 p 个特征(或变量)进行观测，得到一个大小为 $p\times n$ 的原始观测矩阵 $\boldsymbol{X}$。每个特征就得到 n 个样本的观测值，组成随机观测向量 $\boldsymbol{x}$，即

$$\boldsymbol{x}=[x_1 \quad x_2 \quad \cdots \quad x_n]^{\mathrm{T}} \tag{6-5}$$

式中，$x_i(i=1,\cdots,n)$表示某个特征的第 i 个样本的观测值。如果可以用少于 n 个样本(假设 m 个，$m<n$)来代表这组观测样本，那就意味某些样本必然是另一些样本“有机”的组合。这样就可以减少样本的观测成本，从而简化观测系统。在因子分析模型里，x_i 可用线性关系表示，即

$$x_i=a_{i1}F_1+a_{i2}F_2+\cdots+a_{im}F_m+a_i\varepsilon_i \tag{6-6}$$

式中，$F_j(j=1,\cdots,m)$是公因子，它是每个样本中都出现的因子；a_{ij} 表示公因子 F_j 的因子载荷或称之为权系数(即相对重要性)；ε_i 是个别样本所特有的一个特殊因子，a_i 是这一特殊因子的权系数。因子分析模型可简写为矩阵形式，即

$$\underset{n\times 1}{\boldsymbol{x}}=\underset{n\times m}{\mathbf{A}}\ \underset{m\times 1}{\boldsymbol{F}}+\underset{n\times n}{\boldsymbol{a}}\ \underset{n\times 1}{\boldsymbol{\varepsilon}} \tag{6-7}$$

式中，$\mathbf{A}$ 称为因子载荷矩阵；$\boldsymbol{a}$ 为特殊因子载荷；而 $\boldsymbol{F}$ 和 $\boldsymbol{\varepsilon}$ 分别为公因子和特殊因子。

因子载荷矩阵 $\mathbf{A}$ 中的元素 a_{ij} 表示第 i 个样本与第 j 个公因子的相关系数，根据它的绝对值大小就可以判断样本的相对重要性(或典型性)，进而决定是否要把该样本选择为典型样本。如果 $|a_{ij}|$ 的值越大，就表明第 i 个样本具有较大的载荷，其他的样本无法比拟，因此第 i 个样本就作为公因子 F_j 的代表性样本，这就是控制训练样本质量的方法。

由于式(6-7)中除了 $\boldsymbol{x}$ 是已知的，其他的都是未知的，并且上述的分解并不是唯一的，因此Q型因子分析是将 n 个样本之间的相关关系转化为 m 个公因子之间的相关关系，而这个相关关系是通过因子载荷矩阵 $\mathbf{A}$ 来反应的。它的初始解可以通过主因子解方法(中国科学院地质研究所，1977)(仿R型因子分析的方法)求得 m 个初始因子轴和初始因子载荷矩阵 $\mathbf{A}$，但是我们的目的是要知道每个因子轴所代表的意义，它是根据最靠近因子轴的一个特征的样本所决定的。因此，有必要对

因子轴进行旋转，使某一因子轴尽可能地靠近一些样本，尽可能地远离另一些样本。这在数学上就是使因子载荷矩阵 A 的结构简化，即使每个因子载荷的平方按列向0、1两极分化，第 j 个主因子的代表性样本在 F_j 因子轴上的载荷系数等于1或趋于1，而在其他因子轴上的系数等于0或趋于0。然而，正交旋转的方法很多，这里采用方差最大正交旋转（Stecl et al，1979；於崇文，1980），即将使因子载荷矩阵中各因子载荷值的方差 V 达到最大作为因子载荷简化的准则，其公式表示为

$$V = \max\left\{\sum_{j=1}^{m} \frac{n\sum_{i=1}^{n}(\frac{a_{ij}^2}{h_i^2})^2 - (\sum_{i=1}^{n}\frac{a_{ij}^2}{h_i^2})^2}{n^2}\right\} \tag{6-8}$$

式中，h_i 为公共因子方差。

方差最大正交旋转的优点在于当参加计算的样本数有少量变化时，所得的结果保持不变或变化较小（中国科学院地质研究所，1977），其计算步骤如下。

（1）计算公共因子方差，即

$$h_i^2 = \sum_{j=1}^{m} a_{ij}^2 \tag{6-9}$$

（2）将因子载荷矩阵 **A** 标准化，即

$$b_{ij} = \frac{a_{ij}}{h_i} \tag{6-10}$$

（3）根据式(6-8)计算方差 $V_{(k)}$，其中 k 为迭代的次数。

（4）任取因子载荷矩阵 **A** 中的第 g 列 $\boldsymbol{a}_{ig}$ 和第 q 列 $\boldsymbol{a}_{iq}$ $(i=1,\cdots,n)$，并设旋转 φ 角后的矩阵为

$$[\boldsymbol{a}_{ig} \quad \boldsymbol{a}_{iq}]_{(k)} = [\boldsymbol{a}_{ig} \quad \boldsymbol{a}_{iq}]_{(k-1)} \begin{bmatrix} \cos\varphi & -\sin\varphi \\ \sin\varphi & \cos\varphi \end{bmatrix} \tag{6-11}$$

式中，k 为迭代的次数，$g(g=1,\cdots,m-1)$ 和 $q(q=g+1,\cdots,m)$ 为因子编号。将式(6-11)代入式(6-8)，对 φ 求一阶导数，并令其等于零，解出关于 φ 角的方程（中国科学院地质研究所，1977）为

$$\tan 4\varphi = \frac{N - \frac{2KC}{n}}{M - n(K^2 - L^2)} \tag{6-12}$$

以 $j=1,2,\cdots,n$ 表示样本编号，并令

$$\begin{cases} u_j = (\frac{a_{jp}}{h_j})^2 - (\frac{a_{jq}}{h_j})^2 \\ v_j = 2\,\frac{a_{jp}a_{jq}}{h_j h_j} \end{cases} \quad p,q=1,2,\cdots,m,\ p\neq q$$

则

$$K = \sum_{j=1}^{n} u_j, \quad L = \sum_{j=1}^{n} v_j$$

$$M=\sum_{j=1}^{n}(u_j^2-v_j^2),\quad N=2\sum_{j=1}^{n}u_jv_j$$

将上述的旋转过程(张尧庭 等,1982)表示为

$$\boldsymbol{B}=\boldsymbol{A}\boldsymbol{T}_{gq} \tag{6-13}$$

式中,$\boldsymbol{B}$ 为旋转后的因子载荷矩阵;$\boldsymbol{T}_{gq}$ 为相应于式(6-11)的旋转矩阵。

对因子载荷矩阵 $\boldsymbol{A}$ 中的所有两两成对的因子都进行上述类似的轴旋转计算。如果有 m 个主因子,必须对 $\boldsymbol{A}$ 中所有 m 列全部配对旋转,共有 $C_m^2=m(m-1)/2$ 次,全部旋转完毕算一个循环,此时得到的因子载荷矩阵 $\boldsymbol{B}_{(1)}$ 可表示为

$$\boldsymbol{B}_{(1)}=\boldsymbol{A}\boldsymbol{T}_{12}\cdots\boldsymbol{T}_{1m}\cdots\boldsymbol{T}_{(m-1)m}=\boldsymbol{A}\prod_{g=1}^{m-1}\prod_{q=g+1}^{m}\boldsymbol{T}_{gq}=\boldsymbol{A}\boldsymbol{C}_1 \tag{6-14}$$

式中,记

$$\boldsymbol{C}_1=\prod_{g=1}^{m-1}\prod_{q=g+1}^{m}\boldsymbol{T}_{gq}$$

$\boldsymbol{B}_{(1)}$ 为对 $\boldsymbol{A}$ 进行正交变换 $\boldsymbol{C}_1$ 而得。经过第一个循环后,可按式(6-8)计算得 $V_{(1)}$。在第一个循环的基础上从 $\boldsymbol{B}_{(1)}$ 出发再进行第二个旋转循环,旋转完毕后得 $\boldsymbol{B}_{(2)}$,再按式(6-8)计算得到 $V_{(2)}$。如此不断重复这个循环,就可得到 V 值的一个非降序列,即

$$V_{(1)}\leqslant V_{(2)}\leqslant V_{(3)}\leqslant\cdots \tag{6-15}$$

由于因子载荷的绝对值不大于 1,故这个序列是有上界的,它必然收敛于某一极限 $\tilde{V}$。

(5)轴旋转收敛误差的确定。在旋转过程中,若因子载荷矩阵 $\boldsymbol{A}$ 的总方差 V 值的两次计算之差的绝对值小于某个阈值 ε,则停止旋转。这表明找到了旋转轴的最佳位置,否则继续旋转。这个过程可表示为

$$|V_{(k)}-V_{(k-1)}|<\varepsilon \tag{6-16}$$

式中,一般取 $\varepsilon=10^{-7}$。

(6)计算旋转后的因子载荷矩阵 $\boldsymbol{G}$,即

$$\left.\begin{aligned}\boldsymbol{G}&=(g_{ij})\\ g_{ij}&=b_{ij}h_i\end{aligned}\right\} \tag{6-17}$$

式中,$i=1,\cdots,n;j=1,\cdots,m$。

实际上,Q 型因子分析研究样本之间的相关关系,通过对样本的相关关系矩阵内部结构的研究找出控制所有样本的几个公共因子,因此通过 Q 型因子分析可从一批同属性的样本中挑选出少数并且具有实际意义的、独立的、互不相关的、有代表性的典型样本,把选出的这些样本当做这批样本的典型样本,典型样本的信息用于代表(或解释)这批样本所包含的样本信息。当然,其他的未被选出的、剩下的非代表性样本都可以看做那些典型样本以不同的比例"有机混合"的结果。

假设对某类地物采集了 n 个样本，每个样本包括 p 个特征的观测值（在本小节的实验中对每个样本提取与 6.3.2 小节中相同的 13 个特征，也即 $p=13$），得到观测矩阵 $\boldsymbol{X}$。则带有 Q 型因子分析的伪相关反馈法的计算步骤如下。

（1）将观测数据矩阵 $\boldsymbol{X}$ 标准化（魏克让 等，2003），得到矩阵 $\boldsymbol{S}$。

（2）求样本间的相关矩阵 $\boldsymbol{R}$。

（3）求 $\boldsymbol{R}$ 的特征根和其相应的特征向量。

记 $\lambda_1 \geqslant \lambda_2 \geqslant \cdots \geqslant \lambda_n$ 为 $\boldsymbol{R}$ 的特征根，μ_1、μ_2、…、μ_n 为对应的经正交与单位化的标准特征向量。在实际工作中，根据研究对象的情况和特征根累计百分比，取前 $m(m<n)$ 个主要的特征根。各个特征根的大小代表各个因子的方差在总方差中所占的比例。把特征根所代表的意义分别叫做第一主因素 F_1，第二主因素 F_2，…，第 m 主因素 F_m。主因素累积百分比，又称累积贡献率 η_m。主因素的累积百分比越大，说明选出的主因素拟合原始数据越好，可根据实际研究的问题来确定 η_m 的取值，使得前 m 个特征根之和在 n 个特征根总和中所占的比例达到预先给定的 η_m 取值，如此便可确定 m 的大小，则得到

$$\boldsymbol{\Lambda} = \mathrm{diag}(\lambda_1 \quad \lambda_2 \quad \cdots \quad \lambda_m) \tag{6-18}$$

$$\boldsymbol{U} = [\boldsymbol{\mu}_1 \quad \boldsymbol{\mu}_2 \quad \cdots \quad \boldsymbol{\mu}_m]^{\mathrm{T}} \tag{6-19}$$

$$\boldsymbol{\mu}_i = [\mu_{1i} \quad \mu_{2i} \quad \cdots \quad \mu_{mi}]^{\mathrm{T}} \tag{6-20}$$

这 m 个公因子可以理解为 m 个独立的“典型公共样本”，不同于原始的观测样本。

（4）初始因子载荷矩阵 $\boldsymbol{A}$ 中元素 a_{ij} 的计算公式为

$$a_{ij} = \mu_{ij}\lambda_j^{\frac{1}{2}} \tag{6-21}$$

式中，可以看到 $\boldsymbol{\mu}_i$ 的分量 μ_{ij} 与因子载荷 a_{ij} 之间的关系。

（5）按式（6-14）对初始因子轴进行旋转，直到满足式（6-16）为止，接着按式（6-17）计算得到旋转后的因子载荷矩阵 $\boldsymbol{G}$。

（6）根据上述的因子载荷矩阵 $\boldsymbol{G}$，从原始的观测样本中选择出这类地物的代表性样本集（序号）Samples，即

$$\mathrm{Samples} = \{i \mid \max_{1 \leqslant i \leqslant n}\{|g_{ij}|\}; j = 1, \cdots, m\} \tag{6-22}$$

式中，i 代表原始的观测样本的序号，而 $|g_{ij}|$ 表示对元素 g_{ij} 取绝对值。

（7）重复上述步骤（1）至（6），选出各类地物的代表性样本集，作为训练样本。

（8）用上述方法选出的训练样本进行训练或学习，得到树型贝叶斯网络分类器（TAN）（虞欣 等，2007），接着把所有采集的样本当做测试样本进行测试，最后统计总的分类精度。

6.4.2　实验与分析

为了验证基于 6.4.1 小节所提出方法的正确性和有效性，在实验中，选取了澳大

利亚某个地区的 6 幅 23 cm×23 cm 的黑白航空影像和 10 幅武汉地区的 23 cm×23 cm的黑白航空影像。根据野外调绘的结果，对这 16 幅大的航空影像人工分割为小块的 465 幅小图像，并将它们分成 3 类，即居民地(167 幅)、农田(144 幅)和河流(154 幅)，其中最小的为 16 像素×16 像素，最大的为 40 像素×40 像素。实验的结果见表 6-4 和表 6-5。通过实验与分析，可以得到如下结论。

(1)利用 6.4.1 小节提出的方法对训练样本质量进行控制之后，总的分类精度平均提高了 0.4%。

在表 6-4 中，第一行的 10～50 表示每一类训练样本的数量；第一列中的 TAN 表示树型贝叶斯网络分类器，TAN+Q 表示在 TAN 的学习阶段引入 Q 型因子分析对训练样本质量进行控制的方法，TAN+RF 则表示 § 6.3 提出的带有统计质量管理的伪相关反馈的分类方法；表中最后两列分别表示每一行分类精度的平均值和方差。从表中可以看到 TAN+RF 和 TAN+Q 两种方法的分类精度都比原始 TAN 的分类精度略有提高，分别平均提高 0.6%和 0.4%。

表 6-4　三种方法的总的分类精度比较

分类精度	10	20	30	40	50	分类精度均值	分类精度方差
TAN	0.868 8	0.875 3	0.881 7	0.877 4	0.877 4	0.876 1	0.004 7
TAN+RF	0.879 6	0.881 7	0.883 9	0.881 7	0.883 9	0.882 2	0.001 8
TAN+Q	0.873 1	0.881 7	0.879 6	0.883 9	0.883 9	0.880 4	0.004 5

(2)当训练样本的数量比较少的情况下，TAN+Q 所需的计算量比 TAN+RF 所需计算量要小一些。

在表 6-5 中，第一行的 10～50 表示每一类训练样本的数量；第一列表示三种不同的方法；表中列出三种不同方法在不同训练样本的条件下所需的计算量，单位为秒。从表中可以看到，当训练样本的数量较少的时候，TAN+RF 所需的计算量比 TAN+Q 要多一些，但随着训练样本数量的增加，TAN+Q 所需的计算量反而比 TAN+RF 所需的计算量要大一些。

表 6-5　三种方法的计算量比较

计算量/s	10	20	30	40	50
TAN	17.19	33.74	46.64	60.03	75.86
TAN+RF	105.49	172.89	260.04	328.47	416.23
TAN+Q	21.47	108.22	230.84	385.62	767.98

总之，6.4.1 小节提出的带有 Q 型因子分析的伪相关反馈方法是可行的，而且它优于没有引入伪相关反馈机制的情况。但是，它也有不足之处，因为该方法并未同时考虑到变量(或特征)间的相关性，这样人为地将变量和样本割裂开来研究，实际上会损失一些有用的信息。

通过在贝叶斯网络的训练阶段引入伪相关反馈的机制可以使计算机具有人的思维和模型，从而建立低层视觉特征与高层语义信息之间的映射关系。此外，实验与分析表明：这种方法与没有引入伪相关反馈机制的影像分类相比，其精度有所提高，但效果还不明显，本书对此只是进行了初步的探索，后续仍然需要更深入地研究。

§6.5　本章小结

为了更好地提取航空影像中图像的语义信息，并推广到其他更多地物的图像语义信息的提取，本章提出两种图像语义信息的间接提取方法，即间接提取关于每一类训练样本质量的语义信息。实际上，这两种方法把控制论中的控制与反馈的思想引入到航空影像纹理分类的训练阶段，并把人也作为系统的一部分，从而使得原先以计算机为中心的模式转变为以人为中心的模式，进而把人的思维纳入到训练阶段来控制训练阶段的学习质量。通过控制与反馈机制使得系统更加准确地“捕获”类别特征信息，即关于训练样本质量好坏的语义信息，从而可以选择质量较好的训练样本来控制训练阶段的学习质量，进一步提高影像分类的精度。从实验与分析中可以得到如下结论。

(1)把图像检索领域中的向量调整法和特征加权法组合在一起，应用于最小距离法的航空影像纹理分类中进行伪相关反馈机制的初步尝试，取得了较好的效果，而且收敛速度也比较快。

(2)为了能够进一步提高贝叶斯网络的学习能力和推理能力，可借用统计质量管理的思想(TAN＋RF)来控制贝叶斯网络训练阶段的学习质量，使得原先的开环系统转变为闭环系统。在实验中引入伪相关反馈机制后，总的分类精度平均提高 0.6%，但随着训练样本的增加，引入伪相关反馈后，计算量也随之略有增加。

(3)另外，本章从训练样本的质量(代表性和典型性)角度来考虑，利用 Q 型因子分析的方法(TAN＋Q)来控制训练阶段的学习质量，从而在训练样本的控制与反馈中间接提取关于每一类训练样本质量好坏的语义信息。在实验中该方法对训练样本质量进行控制之后，总的分类精度平均提高 0.4%，但是当训练样本的数量比较少的时候，TAN＋Q 所需的计算量比 TAN＋RF 所需计算量要小一些。

(4)通过在贝叶斯网络的训练阶段引入伪相关反馈的机制，一方面可以使计算机具有人的思维和模型，从而建立低层视觉特征与高层语义信息之间的映射关系；另一方面它可以保证(或控制)贝叶斯网络在训练阶段的学习质量，因而这种方法与没有引入伪相关反馈机制的情况相比，影像分类的精度有所提高，具有一定的挖掘潜力，但效果还不尽人意。本章对此只是进行了初步的探索，仍然需要更深入地研究。

参考文献

戴芹,马建文,陈雪,等.2005.航空遥感数据的贝叶斯网络分类[J].国土资源遥感,63(1):34-36.

宫秀军,孙建平,史忠植.2002.主动贝叶斯网络分类器[J].计算机研究与发展,39(5):574-579.

关泽群,刘继琳.2007.遥感图像解译[M].武汉:武汉大学出版社.

何盈捷,刘唯一.2002.由 Markov 网到 Bayesian 网[J].计算机研究与发展,39(1):87-99.

黄解军.2002.贝叶斯网络结构学习及其在数据挖掘中的应用研究[D].武汉:武汉大学.

贾云得.2000.机器视觉[M].北京:科学出版社.

李启青,马建文,哈斯巴干,等.2003.基于贝叶斯网络模型的遥感图像数据处理技术[J].电子与信息学报,25(10):1321-1326.

李云.2005.特征选择算法及其在基于内容图像检索中的应用研究[D].重庆:重庆大学.

陆汝钤.2001.世纪之交的知识工程与知识科学[M].北京:清华大学出版社.

茆诗松.1999.贝叶斯统计[M].北京:中国统计出版社.

梅晓榕.2007.自动控制原理[M].2 版.北京:科学出版社.

欧阳赟,马建文,戴芹.2006.多时相遥感变化检测的动态贝叶斯网络研究[J].遥感学报,10(4):440-448.

欧阳赟,马建文,戴芹.2007.利用动态贝叶斯网络进行多时相遥感变化检测[J].电子与信息学报,29(3):549-552.

普雷斯 S J.1992.贝叶斯统计学:原理、模型及应用[M].北京:中国统计出版社.

钱乐祥.2004.遥感数字影像处理与地理特征提取[M].北京:科学出版社.

日维钦 A H,索科洛夫 B C.1988.航空摄影象片判读[M].北京:测绘出版社.

石洪波.2005.贝叶斯分类方法研究[M].北京:中国科学技术出版社.

石洪波,黄厚宽,王志海.2004.基于 Boosting 的 TAN 组合分类器[J].计算机研究与发展,41(2):340-345.

史忠植.2002.知识发现[M].北京:清华大学出版社.

孙即祥.2002.现代模式识别[M].长沙:国防科技大学出版社.

铁健司.2006.质量管理统计方法[M].北京:机械工业出版社.

王惠锋.2002.基于语义的图像检索系统及其关键技术研究[D].南京:南京大学.

王惠锋,孙正兴,王箭.2002.语义图像检索研究进展[J].计算机研究与发展,39(5):513-523.

王双成.2005.混合贝叶斯网络隐藏变量学习研究[J].计算机学报,28(9):1564-1569.

王伟凝.2005.基于情感语义的图像特征提取、检索与分类研究[D].广州:华南理工大学.

王伟凝,余英林.2003.图像的情感语义研究进展[J].电路与系统学报,8(5):101-109.

王学仁,王松桂.1990.实用多元统计分析[M].上海:上海科学技术出版社.

王艳妮,陈龙斌,王卫宏,等.2004.一种基于语义的图像数据库分类系统[J].计算机应用研究,21(4):256-260.

魏克让,江聪世.2003.空间数据的误差处理[M].北京:科学出版社.

吴洪,卢汉清,马颂德.2005.基于内容图像检索中相关反馈技术的回顾[J].计算机学报,

28(12):1969-1979.

吴喜之.2005.现代贝叶斯统计学[M].北京:中国统计出版社.

夏征农,马在田,于津海.2005.大辞海:天文学:地球科学卷[M].上海:上海辞书出版社.

肖秦琨,高嵩,刘晓光.2007.动态贝叶斯网络推理学习理论及应用[M].北京:国防工业出版社.

徐钟济.1985.蒙特卡罗方法[M].上海:上海科学技术出版社.

言茂松.1989.贝叶斯风险决策工程[M].北京:清华大学出版社.

杨光正,吴岷,张晓莉.2002.模式识别[M].合肥:中国科学技术大学出版社.

杨育彬,李宁,陈世福,等.2002.一种基于 Bayesian 学习的彩色肺癌图像语义描述模型[J].计算机研究与发展,39(12):1618-1624.

叶志伟.2006.蚁群算法在影像处理与分析中的应用研究[D].武汉:武汉大学.

於崇文.1980.数学地质的方法与应用[M].北京:金工业出版社.

余芳,姜云飞.2004.一种基于简单贝叶斯分类的特征选择方法[J].中山大学学报:自然科学版,43(5):118-120.

虞欣,郑肇葆,汤凌,等.2006.基于 Naive Bayes Classifiers 的航空影像纹理分类[J].武汉大学学报:信息科学版,31(2):108-111.

虞欣,郑肇葆,叶志伟,等.2007.基于 Tree Augmented Naive Bayes Classifier 的影像纹理分类[J].武汉大学学报:信息科学版,32(4):287-289.

虞欣,郑肇葆,叶志伟,等.2008.多级 Bayesian Network 的影像纹理分类方法[J].遥感学报,12(3):442-447.

袁卫.1990.统计推断思想[M].北京:中国统计出版社.

张丽新.2004.高维数据的特征选择及基于特征选择的集成学习研究[D].北京:清华大学.

张连文,郭海鹏.2006.贝叶斯网引论[M] 北京:科学出版社.

张尧庭.2000.信息与决策[M].北京:科学出版社.

张尧庭.2002.多元统计分析选讲[M].北京:中国统计出版社.

张尧庭,陈汉峰.1991.贝叶斯统计推断[M].北京:科学出版社.

张尧庭,方开泰.1982.元统计分析引论[M].北京:科学出版社.

张永兴.1994.打开世界知识之门的钥匙:广义分类学研究及应用[D].北京:中国商业出版社.

泽尔纳 A.2005.计量经济学贝叶斯推断引论[M].上海:上海财经大学出版社.

郑肇葆.2000.图像分析的马尔可夫随机机场方法[M].武汉:武汉测绘科技大学出版社.

郑肇葆.2007.基于 Bayesian 线性规划的影像纹理识别方法[J].武汉大学学报:信息科学版,32(3):193-196.

郑肇葆,黄桂兰.1996.航空影像纹理分类的最小二乘法和问题的分析[J].测绘学报,25(2):21-26.

中国测绘学会.2003.中国测绘学科发展蓝皮书:2003 卷[M].北京:测绘出版社.

中国测绘学会.2004.中国测绘学科发展蓝皮书:2004 卷[M].北京:测绘出版社.

中国测绘学会.2005.中国测绘学科发展蓝皮书:2005 卷[M].北京:测绘出版社.

中国测绘学会.2006.中国测绘学科发展蓝皮书:2006 卷[M].北京:测绘出版社.

中国科学院地质研究所.1977.数学地质引论[M].北京:地质出版社.

钟义信.2002.信息科学原理[M].3版.北京：北京邮电大学出版社.

朱兴全,张宏江,刘文印,等.2002.iFind:一个结合语义和视觉特征的图像相关反馈检索系统[J].计算机学报,25(7):681-688.

ABRAMSON B. 1994. The design of belief network based systems for price forecasting[J]. Computers and Electrical Engineering,20(2):163-180.

AHMAD A,DEY L. 2005. A feature selection technique for classificatory analysis[J]. Pattern Recognition Letters,26(1):43-56.

BART B,GEERT V. 2004. Bayesian network classifiers for identifying the slope of the customer lifecycle of long-life customers[J]. European Journal of Operational Research,56:508-523.

BAYES R T. 1763. An essay toward solving a problem in the doctrine of chances[J]. Philosophical Transactions of the Royal Society,53:370-418.

BINDER J, KOLLER D, RUSSELL S. 1997. Adaptive probabilistic networks with hidden variables[J]. Machine Learning,29(2/3):213-244.

BOCKHORST J,CRAVEN M,PAGE D,et al. 2003. A Bayesian network approach to operon prediction[J]. Bioinformatics,19(10):1227-1235.

BORSUK M E,STOW C A,RECKHOW K H. 2002. Integrative environmental prediction using Bayesian networks: a synthesis of models describing estuarine eutrophication [M] // International Environmental Modeling and Software Society. Integrated Assessment and Decision Support:IEMSS Conference proceedings. Switzerland:University of Lugano:96-401.

BOUTELL M R,LUO Jiebo. 2004a. Bayesian fusion of camera metadata cues in semantic scene classification[C] // Anon. Proceedings of 2004 IEEE Computer Society Conference on Computer Vision and Pattern Recognition,Washington D C,June27 -July 2. Washington D C: IEEE Computer Society Press:623-630.

BOUTELL M R,LUO Jiebo,SHEN Xipeng,et al. 2004b. Learning multi-label scene classification[J]. Pattern Recognition,37:1757-1771.

BUNTINE W. 1996. A guide to the literature on learning probabilistic networks from data[J]. IEEE Transactions on Knowledge and Data Engineering,8(2):195-210.

BURNELL L J, HORVITZ E. 1995. Structure and chance: melding logic and probability for software debugging[J]. Communications of the ACM,38(3):31-41.

CAIN J D, JINAPALA K, MAKIN I W, et al. 2003. Participatory decision support for agricultural management: a case study from Sri Lanka[J]. Agricultural Systems, 76(2): 457-482.

CAMCI F, CHINNAM R B. 2005. Dynamic Bayesian networks for machine diagnostics: hierarchical hidden Markov models vs. competitive learning[C] // Anon. Proceedings of the Internal Joint Conference on Neural Networks, Montreal, Canada, July 31-August 4. Washington D C:IEEE Computer Society Press:1752-1757.

CANNY J. 1986. A computational approach to edge detection[J]. IEEE Transactions on Pattern Analysis and Machine Intelligence,8(6):679-698.

CASTLEMAN K R. 1998. Digital image processing [M]. Beijing: Publishing House of Electronics Industry, Prentice Hall Press.

CAVAZZA M, GREEN R J, PALMER I J. 1998. Multimedia semantic features and image content description[C]// Anon. Proceedings of the 1998 Multimedia Modeling, Lausanne, Switzerland, October 12-15. Washington D C: IEEE Computer Society Press: 39-46.

CHAVEZ R, COOPER G. 1990. A randomized approximation algorithm for probabilistic inference on Bayesian belief networks[J]. Networks, 20: 661-685.

CHENG J, BELL D A, LIU W. 2002. Learning belief networks from data: an information theory based approach[J]. Artificial Intelligence, 137(1/2): 43-90.

CHENG J, GREINER R. 2001. Learning Bayesian belief network classifiers: algorithms and system[C]// STROULIA E, MATWIN S. Advances in artifical intelligence: proceedings of the 14th Biennial Conference of the Canadian Society for Computational Studies of Intelligence. Berlin: Springer Verlag: 141-156.

CHOU T C, CHENG S C. 2006. Design and implementation of a semantic image classification and retrieval of organizational memory information systems using analytical hierarchy process[J]. Omega: the International Journal of Management Science, 34(22): 125-134.

COOPER G. 1990. The computational complexity of probabilistic inference using Bayesian belief networks[J]. Artificial Intelligence, 42(2/3): 393-405.

COOPER G, HERSKOVITS E. 1992. A Bayesian method for the induction of probabilistic networks from data[J]. Machine Learning, 122(9): 309-347.

CORNEY D. 2000. Designing food with Bayesian belief networks [C] // Anon. The Fourth International Conference on Adaptive Computing in Design and Manufacture, University of Plymouth, UK, April 26-28. Berlin: Springer Verlag: 83-94.

CROFT J, SMITH J Q. 2003. Discrete mixtures in Bayesian networks with hidden variables: a latent time budget example[J]. Computational Statistics and Data Analysis, 41(3/4): 539-547.

DAGUM P, LUBY M. 1993. Approximating probabilistic inference in Bayesian belief networks is NP-hard[J]. Artificial Intelligence, 60(1): 141-153.

DARWICHE A. 2003. Differential approach to inference in Bayesian networks[J]. Journal of the ACM (JACM), 50(3): 280-305.

DAWID A P. 2002. Probabilistic expert systems for forensic inference from genetic markers[J]. Scandinavian Journal of Statistics, 29(4): 577-595.

DEAN T, KANAZAWA K. 1989. A model for reasoning about persistence and causation[J]. Computational Intelligence, 5(3): 142-150.

DE-CAMPOS L M, FERNANDEZ-LUNA J M, HUETE J F. 2003. Implementing relevance feedback in the Bayesian network retrieval model[J]. Journal of the American Society for Information Science and Technology, 54(4): 302-313.

DECHTER R. 1999. A unifying framework for reasoning[J]. Artificial Intelligence, 113(1): 41-85.

DE-FREITAS Z R, SEARA R. 2004. Perceptual image quality assessment based on Bayesian networks[C]// Anon. Proceedings of ICIP'04: volume 1, Singapore, October 24-27. Washington D C: IEEE Computer Society Press: 329-332.

FISHELSON M, GEIGER D. 2004. Optimizing exact genetic linkage computations[J]. Journal of Computational Biology, 11 (2/3): 263-275.

FRIEDMAN N. 1997. Learning belief networks in the presence of missing values and hidden variables[M]// FISHER D H. Proceedings of the 14th International Conference on Machine Learning. San Francisco: Morgan Kaufmann Publishers: 125-133.

FRIEDMAN N, GEIGER D, GOLDSZMIDT M. 1997. Bayesian network classifiers[J]. Machine Learning, 29: 131-163.

FRIEDMAN N, LINIAL M, NACHMAN I, et al. 2000. Using Bayesian networks to analyze expression data[J]. Journal of Computational Biology, 7(3/4): 601-620.

FRIEDMAN N, NINIO M, PEER I, et al. 2002. A structural EM algorithm for phylogenetic inference[J]. Journal of Computational Biology, 9: 331-353.

GEBHATDR J, DETMER H, MADSEN A L. 2003. Predicting parts demand in the automotive industry: an application of probabilistic graphical models[C]// MEEK C, KJAERULFF U. Proceedings of the 19th Conference in Uncertainty in Artificial Intelligence: Bayesian Modeling Application Workshop, Acapulco, Mexico, August 7-10. San Francisco: Morgan Kaufmann Publishers: 125-133.

GEMAN S, GEMAN D. 1984. Stochastic relaxation, Gibbs distributions and the Bayesian restoration of images[J]. IEEE Transactions on Pattern and Machine Intelligence, 6 (11): 721-741.

GILKS W R. 1996. Markov chain Monte Carlo in practice[M]. London: Chapman and Hall.

GOODMAN L A. 1974. Exploratory latent structure analysis using both identifiable and unidentifiable models[J]. Biometrika, 61: 215-231.

GROIS E, HSU W H, VOLOSHIN M, et al. 1998. Bayesian network models for automatic generation of crisis management training scenarios[C]// BUCHANAN B, UTHURUSAMY R. Proceedings of the Tenth Conference on Innovative Applications of Artificial Intelligence, Madison, Wisconsin, USA, July 27-29. Menlo Park, USA: AAAI Press: 1113-1120.

GUERIN-DUGUE A, OLIVIA A. 2000. Classification of scene photographs from local orientations features[J]. Pattern Recognition Letters, 21(13/14): 1135-1140.

GUO Haipeng. 2003. Algorithm selection for sorting and probabilistic inference: a machine learning-based approach[D]. Manhattan, USA: Kansas State University.

GUYON I, ELISSEEFF A. 2003. An introduction to variable and feature selection[J]. Journal of Machine Learning Research, 3(1): 1157-1182.

HAAS T C. 1992. A Bayes network model of district ranger decision making [J]. AI Applications, 6(3): 72-88.

HAUTANIEMI S K, EDGREN H, JARVINEN A-K, et al. 2003. A novel strategy for microarray quality control using Bayesian networks[J]. Bioinformatics,19(16):2031-2038.

HAUTANIEMI S K,KORPISAARI P T,SAARINEN J P P. 2000. Target identification with dynamic hybrid Bayesian networks[C]//Proceedings of the EOS/SPIE Symposium on Remote Sensing:image and signal processing for remote sensing VI:SPIE proceedings: volume 4170, Barcelona,Spain,September 27-29. Bellingham,Washington,USA:SPIE:92-102.

HAUTANIEMI S K,SAARINEN J P P. 2001. Multitarget tracking with the IMM and Bayesian networks:empirical studies[C]//DASARATHY B V. Sensor fusion:architectures,algorithms and applications V:proceedings of SPIE:volume 4385,Orlando,USA,March 22. Bellingham, Washington,USA:SPIE:47-57.

HECKERMAN D. 1991. Probabilistic similarity networks[M]. Cambridge,Massachusetts:MIT Press.

HECKERMAN D. 1997. Bayesian networks for data mining[J]. Data Mining and Knowledge Discovery,1:79-119.

HECKERMAN D,GEIGER D,CHICKERING D M. 1995. Learning Bayesian networks: the combination of knowledge and statistical data[J]. Machine Learning,20:197-244.

HERSKOVITS E,COOPER G F. 1990. An entropy-driven system for contruction of probabilistic expert systems from databases[C]//BONISSONE P P,HENRION M,KANAL L N,et al. Proceedings of the Sixth Annual Conference on Uncertainty in Artificial Intelligence, Cambridge,Massachusetts. New York:Elsevier Science:117-128.

HE Xiaofei,KING O,MA Weiying,et al. 2003. Learning a semantic space from user's relevance feedback for image retrieval[J]. IEEE Transactions on Circuits and Systems for Video Technology,13(1):39-48.

HOJSGAARD S, RASMUSSEN H H, DJURHUUS J. 2003. ErosPredict: a program for predicting soil erosion[C]//HARNOS Z,HERBON M,WIWCZAROSKI T. Proceedings of the 4th EFITA Conference on Information Technology for a Better Agri-food Sector,Environment and Rural Living,Debrecen-Budapest,Hungary,July 5-7. Paris:EFITA:1-8.

HORVITZ E,BARRY M. 1995. Display of information for time-critical decision making[C]// BESNARD P,HANKS S. Proceedings of the Eleventh Conference on Uncertainty in Artificial Intelligence, Montreal, Quebec, Canada, August 20. San Mateo, USA: Morgan Kaufmann Publishers:296-305.

HRUSCHKA J E, HRUSCHKA E R, EBECKEN N F. 2004. Feature selection by Bayesian networks[J]. Lecture Notes in Artificial Intelligence,3060:370-379.

HUANG Y,CHAN K L,ZHANG Z H. 2003. Texture classification by multi-model feature integration using Bayesian networks[J]. Pattern Recognition Letters,24(1/3):393-401.

INZA I. 1999. Feature weighting for nearest neighbor algorithm by Bayesian networks based combinatorial optimization[C]//Anon. Proceedings of the Student Session of the ECCAI Advanced Course on Artificial Intelligence,Chania,Greece,July 5-16. Chania,Greece:Hellenic Artificial Intelligence Society:1-3.

INZA I, LARRANAGA P, ETXEBERRIA R, et al. 2000. Feature subset selection by Bayesian network-based optimization[J]. Artificial Intelligence, 123(1/2): 157-184.

INZA I, LARRANAGA P, SIERRA B, et al. 1999. Representing the behavior of supervised classification learning algorithms by Bayesian networks [J]. Pattern Recognition Letters, 20(11/3): 1201-1210.

JAMES S. 1992. Bayes statistics: principles, models and applications[M]. Beijing: China Statistics Press.

JENSEN F V, UFFE KJERULFF, KRISTIANSEN B, et al. 2001. The SACSO methodology for troubleshooting complex systems[J]. Artificial Intelligence for Engineering Design, Analysis and Manufacturing, 15(5): 321-333.

JIANG X D. 2007. Extracting image orientation feature by using integration operator[J]. Pattern Recognition, 40(2): 705-717.

JITNAH N, NICHOLSON A E. 1996. Belief network algorithms: a study of performance using domain characterization[C]// ANTONIOU G, GHOSE A K, TRUSZCZYNSKI M. Learning and reasoning with complex representations: LNCS 1359: selected papers of Workshops on Reasoning with Incomplete and Changing Information and on Inducing Complex Representations, Cairns, Australia, August 26-30. Berlin: Springer Verlag: 168-187.

JORDAN M I, GHAHRAMANI Z, JAAKKOLA T S, et al. 1999. An introduction to variational methods for graphical models[J]. Machine Leraning, 37(2): 183-233.

KASS R E, RAFTERY A E. 1995. Bayes factors [J]. Journal of the American Statistical Association, 90(430): 773-795.

KHERFI M L, ZIOU D, BERNARDI A. 2003. Combining positive and negative examples in relevance feedback for content-based image retrieval[J]. Journal of Visual Communication and Image Representation, 14(4): 428-457.

KONONENKO I. 1991. Semi-naive Bayesian classifier[C]// KODRATOFF Y. Proceedings of the European Working Session on Machine Learning, Porto, Portugal, March 6-8. London: Springer Verlag: 206-219.

KOPPARAPU S K, DESAI U B. 2001. Bayesian approach to image interpretation[M]. Boston: Kluwer Academic Publishers.

KUMAR V P, DESAI U B. 1996. Image interpretation using Bayesian networks [J]. IEEE Transactions on Pattern Analysis and Machine Intelligence, 18(1): 74-77.

LAM W, BACCHUS F. 1994. Learning Bayesian belief networks: an approach based on the MDL principle[J]. Computational Intelligence, 10(4): 269-293.

LANGSETH H. 2002. Bayesian networks with applications in reliability analysis [R]. Trondheim, Norwegian: Norwegian University of Science and Technology.

LANTERMAN A D. 2001. Schwarz, Wallace and Rissanen: intertwining themes in theories of model selection[J]. International Statistical Review, 69(2): 185-212.

LAURITZEN S L. 1995. The EM algorithm for graphical association models with missing data[J]. Computational Statistics and Data Analysis,19(2):191-201.

LAURITZEN S L, SPIEGELHALTER D J. 1988. Local computations with probabilities on graphical structures and their applications to expert systems[J]. Journal of the Royal Statistical Society,50(1570):157-224.

LEE D C, RIEMAN B E. 1997. Population viability assessment of salmonids by using probabilistic networks[J]. North American Journal of Fisheries Management 17:1144-1157.

LEONARD T J,HSU S J. 2005. Bayesian methods[M]. Beijing:China Machine Press.

LILLESAND T M,KIEFER R W. 2003. Remote sensing and image interpretation[M]. 4th ed. Beijing:Publishing House of Electronics Industry.

LIU Fei, XU Dongxiang, YUAN Chun, et al. 2006. Image segmentation based on Bayesian network-Markov random field model and its application to in vivo plaque composition[C]// Anon. The 3rd IEEE International Symposium on Biomedical Imaging: Nano to Macro, Arlington,Virginia,USA,April 6-9. Washington D C:IEEE Computer Society Press:141-144.

LIU J,CHANG K C. 1996. Feature-based target recognition with Bayesian inference[J]. Optical engineering,35(3):701-707.

LIU Ying, ZHANG Dengsheng, LU Guojun, et al. 2007. A survey of content-based image retrieval with high-level semantics[J]. Pattern Recognition,40(1):262-282.

LUO J,SAVAKIS A E,SINGHAL A. 2005. A Bayesian network-based framework for semantic image understanding[J]. Pattern Recognition Letters,38(6):919-934.

LU Ye,ZHANG Hongjiang,LIU Wenyin. 2003. Joint semantics and feature based image retrieval using relevance feedback[J]. IEEE Transactions on Multimedia,5(3):339-347.

MADDEN M G. 2002. A new Bayesian network structure for classification tasks[C]//ONEILL M,SUTCLIFFE R F E,RYAN C,et al. Proceedings of the 13th Irish International Conference on Artificial Intelligence and Cognitive Science: LNCS 2464, Limerick, Ireland, September 12-13. London:Springer Verlag:183-197.

MCLACHLAN G J, BASFORD K E. 1988. Mixture models: inference and applications to clustering[M]. New York:Marcel Dekker.

MENGSHOEL O J, WILKINS D C, UCKUN S. 1998. Filtering and visualizing uncertain battlefield data using Bayesian networks[C]// Anon. Proceedings of the ARL Federated Laboratory Advanced Displays and Interactive Displays Second Annual Symposium, College Park,USA,February 2-6. College Park,USA:KBS:1-6.

MITTAL A, PAGALTHIVARTHI K V. 2007. Temporal Bayesian network based contextual framework for structured information mining[J]. Pattern Recognition Letters, 28(14): 1873-1884.

MOJSILOVIC A, GOMES J, ROGOWITZ B. 2004. Semantic-friendly indexing and quering of images based on the extraction of the objective semantic cues[J]. International Journal of Computer Vision,56(1/2):79-107.

MUSMAN S,CHANG L,BOOKER L B. 1993. Application of a real-time control strategy for

Bayesian belief networks to ship classification problem solving[J]. International Journal of Pattern Recognition and Artificial Intelligence,7(3):513-526.

NEAPOLITAN R E. 2004. Learning Bayesian networks[M]. London:Pearson Prentice Hall.

OHASHI T, AGHBARI Z, MAKINOUCHI A. 2003. Semantic approach to image database classification and retrieval [J]. Institute of Electronics, Information and Communication Engineers,103(192):109-114.

PAPPAS A,GILLIES D F. 2002. A new measure for the accuracy of a Bayesian network[C]// COELLO C A, DE-ALBORNOZ A, SUCAR L E, et al. Advances in artificial intelligence: proceedings of the Second Mexican International Conference on Artificial Intelligence: LNCS 2313,Mexico,April. London:Springer Verlag:902-915.

PEARL J. 1986. Fusion,propagation and structuring in belief networks[J]. Artificial Intelligence, 29(3):241-288.

PEARL J. 1987. Evidential reasoning using stochastic simulation of causal models[J]. Artificial Intelligence,32(2):245-257.

PEARL J. 1988. Probabilistic reasoning in intelligent systems: networks of plausible inference [M]. San Mateo,USA:Morgan Kaufman Publishers.

PERNKOPF F. 2005. Bayesian network classifiers versus selective k-NN classifier[J]. Pattern Recognition,38(1):1-10.

PHAM T V,SMEULDERS A W M. 2006. Learning spatial relations in object recognition[J]. Pattern Recognition Letters,7(14):1673-1683.

POOLE D. 1996. Probabilistic conflicts in a search algorithm for estimating posterior probabilities in Bayesian networks[J]. Artificial Intelligence,88(1):69-100.

PROVAN G M, SINGH M. 1995. Learning Bayesian networks using feature selection[C]// FISHER D, LENZ H. Proceedings of the Fifth International Workshop on Artificial Intelligence and Statistics, Fort Lauderdale, Florida, USA, January. New York: Springer Verlag:450-456.

RAIFFA H, SCHLAIFER R. 1961. Applied statistical decision theory[M]. Boston: Harvard University.

RAO C R. 2004. Statistical truth:how to use occasionality[M]. Beijing: Science Press.

REGE M,DONG M. ,FOTOUHI F. 2007. Building a user-centered semantic hierarchy in image databases[J]. Multimedia Systems,12(4/5):325-338.

RIOUL O, VETTERLI M. 1991. Wavelets and signal processing[J]. IEEE Signal Processing Magzine,8(4):14-38.

RUI Y,HUANG T,ORTEGA M,et al. 1998. Relevance feedback:a power tool for interactive content-based image retrieval[J]. IEEE Transactions on Circuits and Systems for Video Technology,8(5):644-655.

RUOKANGAS C C, MENGSHOEL O J. 2003. Information filtering using Bayesian networks: effective user interfaces for aviation weather data[C]// Anon. Proceedings of Intelligent User

Interfaces Conference, Miami, Florida, USA, January 12-15. New York: ACM Press: 280-283.

SAHAMI M, DUMAIS S, HECKERMAN D, et al. 1998. A Bayesian approach to filtering junk e-mail[C] // Anon. Proceedings of AAAI Workshop on Learning for Text Categorization, Madison, Wisconsin, USA, July 26-27. Menlo Park, USA: AAAI Press: 55-62.

SAID A, STEVENS D K, SEHLKE G. 2001. Exploration of conservations schemes and TMDL using Bayesian networks[C] // Anon. Proceedings of 2001 INRA and INEEL Subsurface Science Symposium, Idaho Falls, Idaho, USA, September 6-7. Paris: INRA: 1-11.

SCHIAFFINO S N, AMANDI A. 2000. User profiling with case-based reasoning and Bayesian networks[C] // MONARD M C, SICHMAN J S. Proceedings of the International Joint Conference, 7th Ibero-American Conference, 15th Brazilian Symposium on AI, Atibaia, Brazil, November 19-22. Berlin: Springer Verlag: 12-21.

SCHWARZ G. 1978. Estimating the dimension of a mode[J]. Annals of Statistics, 16(2): 461-464.

SEBE N, LEW M S, COHEN I, et al. 2002. Emotion recognition using a Cauchy naive Bayes classifier[C] // Anon. Proceedings of 16th International Conference on Pattern Recognition: volume 1, Quebec City, Canada, August 11-15. Washington D C: IEEE Computer Society: 17-20.

SERRANO N, SAVAKIS A E, LUO J. 2004. Improved scene classification using efficient low-level features and semantic cues[J]. Pattern Recognition, 37(9): 1773-1784.

SINGH M. 1997. Learning Bayesian networks from incomplete data[C] // Anon. Proceedings of the 14th National Conference on Artificial Intelligence, Providence, Rhode Island, USA, July 27-31. Menlo Park, USA: AAAI Press: 27-31.

SINGH M, PROVAN G M. 1995. A comparison of induction algorithms for selective and non-selective Bayesian classifiers[C] // Anon. Proceedings of the 12th International Conference on Machine Learning. Lake Tahoe, California, USA: Morgan Kaufmann Publishers: 497-505.

SINGHAL A, LUO Jiebo, BROWN C M. 2000. A multilevel Bayesian network approach to image sensor fusion[C] // Anon. Proceedings of 3rd International Conference on Information Fusion, Paris, France, July10-13. Washington D C: IEEE Computer Society Press: 3-9.

SMEULDERS A W M, WORRING M, SANTINI S, et al. 2000. Content-based image retrieval at the end of the early years[J]. IEEE Transactions on Pattern Analysis and Machine Intelligence, 22(12): 1349-1380.

SMITH J Q. 1989. Influence diagrams for statistical modelling[J]. The Annals of Statistics, 17: 654-672.

SPIEGELHALTER D J, DAWID A P, LAURITZEN S L, et al. 1993. Bayesian analysis in expert systems[J]. Statistical Science, 8(3): 219-247.

SPIRTES P, GLYMOUR C, SCHEINES R. 1991. An algorithm for fast recovery of sparse causal graphs[J]. Social Science Computer Review, 9(1): 62-72.

STEEL R G D, TORRIE J H. 1979. Statistical pinciples and methods[M]. Beijing: Science Press.

SU Z, ZHANG H, LI S. 2003. Relevance feedback in content-based image retrieval: Bayesian framework, feature subspaces and progressive learning [J]. IEEE Transactions on Image Processing, 2(8): 924-937.

TARONI F, BIEDERMANN A, GARBOLINO P, et al. 2004. A general approach to Bayesian networks for the interpretation of evidence[J]. Forensic Science International, 139(1): 5-16.

TU Haiying, ALLANACH J, SINGH S, et al. 2006. Information integration via hierarchical and hybrid Bayesian networks[J]. IEEE Transactions on Systems, Man and Cybernetics: part A, 36(1): 19-33.

UNCUA O, TURKSEN I B. 2007. A novel feature selection approach: combining feature wrappers and filters[J]. Information Sciences, 177(2): 449-466.

VAILAYA A, JAIN A, ZHANG H J. 1998. On image classification: city vs. landscape[C] // Anon. IEEE Workshop on Content-Based Access of Image and Video Libraries, Santa Barbara, California, USA, June 21. Washington D C: IEEE Computer Society Press: 1-3.

VES D E, DOMINGO J, AYALA G, et al. 2006. A novel Bayesian framework for relevance feedback in image content-based retrieval systems[J]. Pattern Recognition, 39(9): 1622-1632.

WANG Dianhui, LIM J S, HAN M-M, et al. 2005. Learning similarity for semantic images classification[J]. Neurocomputing, 67: 363-368.

WEIDL G, MADSEN A L, DAHLQUIST E. 2003. Applications of object-oriented Bayesian networks for causal analysis of process disturbances[C] // Anon. Proceedings of the 44th Scandinavian Conference on Simulation and Modeling. Vasteras, Sweden, September 18-19. Eskilstuna, Sweden: Malardalen University Press: 41-49.

WILSON C, SRINIVASAN B, INDRAWAN M. 2001. BIR-the Bayesian network image retrieval system[C] // Anon. Proceedings of 2001 International Symposium on Intelligent Multimedia, Video and Speech Processing, Hong Kong, China, May2-4. Washington D C: IEEE Computer Society Press: 304-307.

YANG S, CHANG K C. 2002. Comparison of score metrics for Bayesian network learning[J]. IEEE Transactions on Systems, Man and Cybernetics, 32(3): 419-428.

YIN Pengyeng, BHANU B, CHANG Kuangcheng, et al. 2005. Integrating relevance feedback techniques for image retrieval using reinforcement learning[J]. IEEE Transactions on Pattern Analysis and Machine Intelligence, 27(10): 1536-1551.

YU Xin, ZHENG Zhaobao, LI Linyi, et al. 2005. Texture classification of aerial image based on PCA-NBC[C] // The International Society for Optical Engineering. Proceedings of SPIE: MIPPR 2005: SAR and multispectral image processing, Wuhan, China, October 31-November 2. Bellingham, USA: SPIE: 60432G1-60432G11.

YU Xin, ZHENG Zhaobao, LI Linyi, et al. 2006. Texture classification of aerial image using Bayesian Networks[C] // The International Society for Optical Engineering. Proceedings of SPIE: Geoinformatics 2006: remotely sensed data and information, Wuhan, China, October 28-29. Bellingham, USA: SPIE: 6419E1-6419E7.

YU Xin, ZHENG Zhaobao, WU Jiangwei, et al. 2007. Texture Classification of Aerial Image Based on Bayesian Networks with Hidden Nodes[M]// KANG L, LIU Y, ZENG S. ISICA 2007: LNCS 4683. Berlin: Springer Verlag: 455-464.

ZHOU X S, HUANG T S. 2003. Relevance feedback for image retrieval: a comprehensive review[J]. Multimedia Systems, 8(6): 536-544.

ZIV H, RICHARDSON D J. 1997. Constructing Bayesian-network models of software testing and maintenance uncertainties[C] // Anon. Proceedings of International Conference on Software Maintenance, Bari, Italy, October 1-3. Washington D C: IEEE Computer Society Press: 100-109.